AF308833

OCCIDENT
3

CHARLES BENOIST

Membre de l'Institut

La
Question
Méditerranéenne

ÉDITIONS VICTOR ATTINGER

LA QUESTION MÉDITERRANÉENNE

OCCIDENT

2

CHARLES BENOIST

Membre de l'Institut

LA QUESTION MÉDITERRANÉENNE

EDITIONS VICTOR ATTINGER

—— PARIS ——   — NEUCHATEL —

30. BOULEVARD ST-MICHEL   7, PLACE A.-M. PIAGET

1928

Il a été tiré de cet ouvrage 150 exemplaires
sur papier pur fil Lafuma-Navarre, numérotés
de 1 à 150

PRÉFACE

PRÉFACE

Comme je le répéterai dans un de mes derniers chapitres (et ce sera la conclusion d'un ouvrage qui semblera peut-être n'en pas avoir), ce livre sans ambition ne prétend à rien d'autre que d'être un cahier de notes. Je voudrais seulement qu'elles ne fussent pas inutiles. C'est désirer et demander beaucoup.

J'ai toujours eu la manie de composer des dossiers, et cette manie a toujours été malheureuse. En relisant ceci, comment ne me souviendrais-je pas d'une première expérience ? Ce sont précisément cinq ou six des articles réunis sous cette couverture, — ceux relatifs à l'histoire « européenne » du Maroc, — qui m'en ont fourni la matière ou du moins l'occasion.

Pendant toute l'année 1911 où des conversations avec l'Espagne s'étaient engagées en conséquence des accords antérieurs, j'avais, sur l'indication de M. Henri Dehérain, conservateur de la bibliothèque de l'Institut, et avec l'aide de M. Marcel Bouteron, compulsé les travaux des *Africanistas* dans le *Bulletin de la Société royale de Géographie* de Madrid. J'avais, d'après les documents diplomatiques, établi la chronologie de l'affaire marocaine, avec ses multiples incidents, ses poussées, ses arrêts et ses reprises. pour les différents pays intéressés : France et Espagne, naturellement, Allemagne, Angleterre, Italie.

A ce fonds, peu à peu, de nombreuses pièces s'étaient jointes. Mon ami M. Louis Rousselet m'avait apporté le précieux concours de son savoir et communiqué les observations, - rares alors, - faites par lui sur le terrain. Le tout, cartes jointes, avait fini par former plusieurs grosses liasses. Je les offris au Chef de Cabinet du Ministre des Affaires étrangères, qui était, si je ne me trompe, M. Maurice Herbette, aujourd'hui ambassadeur de la République à Bruxelles. Il me remercia plus que courtoisement, et me dit qu'on me les demanderait quand on en aurait besoin. Sans doute n'en eut-on jamais besoin, car jamais on ne me les demanda tandis qu'elles auraient pu servir.

Le traité, une fois conclu, vint devant la Chambre pour ratification. Armé de mes papiers, je signalai, dans le texte, toute une suite d'inexactitudes et parfois de totales erreurs. Lorsque je descendis de la tribune, les deux commissaires du Gouvernement, M. Regnault et M. Maurice Herbette lui-même, m'accrochèrent au passage pour me complimenter : « Voudriez-vous, ajouta ce dernier, me prêter vos notes ? Je les ferais copier. — Avec plaisir, lui répondis-je ; mais voilà six mois que je vous les avais proposées. »

J'avais des illusions dans ce temps-là. Ce silence m'étonnait, m'indignait presque. Pour m'apaiser, Louis Rousselet me conta cette anecdote, tout de même forte. Huit ou dix ans auparavant, au moment où l'on avait commencé à parler d'une action française au Maroc, trois géographes avaient écrit au Ministère des Affaires étrangères. « Le pays, remarquaient-ils, est très mal connu. Nous avons pourtant rassemblé quelques renseignements. Nous les tenons, et nous nous tenons, à votre disposition. » — Eux non plus, n'avaient pas reçu de réponse. Mais eux, c'étaient, avec lui, Rousselet, Onésime Reclus, et son frère, l'illustre Elisée Reclus !

Au début de 1912, M. Poincaré, étant devenu président du Conseil, s'étant installé au Quai d'Orsay, et ayant sagement transféré à Paris les négociations, manda notre ambassadeur à Madrid, M. Geoffray, et, pour mieux lui permettre de se défendre contre les revendications espagnoles dont il aurait à subir là-bas le choc immédiat, me pria de lui montrer mes fiches. Nous nous enfermâmes l'un en face de l'autre, l'ambassadeur et moi, dans un bureau du Cabinet, n'en sortîmes de la matinée, et je vis bien que, derrière une attention apparente, éclairée, par intervalles, d'un sourire aimable, ce long défilé de faits, de lieux, de noms et de dates n'éveillait chez mon auditeur qu'une indifférence résignée.

Je dois pourtant rendre à M. Poincaré cette justice que, soucieux d'entendre personnellement quiconque pouvait avoir quelque chose à dire, il m'appela et il eut, deux heures durant, la patience de m'écouter. Tout plein, et trop plein de mon sujet, débordant d'une érudition trop fraîche, je m'étais lancé dans une véritable conférence, où j'avais mêlé à l'essentiel le secondaire et l'accessoire. « Voyons, me dit le Président, si j'ai bien compris. » Il me refit en vingt minutes mon exposé, dégagé de ses broussailles, réduit aux trois ou quatre points sur lesquels il était en effet, important de concentrer la discussion ; et, après qu'il l'eut ainsi refait, je le trouvai merveilleusement clair. En avocat rompu à cet exercice, il avait d'un coup d'œil analysé le dossier, l'avait disséqué d'une main sûre, et déjà il le plaidait. Il devait d'ailleurs, dans le même genre, me donner par la suite un autre sujet de surprise et ce fut pour moi, cette fois et l'autre, une manière de consolation.

Nous passons maintenant à la fin de 1916, au commencement de 1917. M. Poincaré est Président de la République, M. Briand est encore Président du Conseil. La guerre fait rage. Mais, pour se créer à soi-même des raisons d'espérer, on s'attache à envisager dans le lointain la paix, et la paix victorieuse. Pour la saisir un jour en sa réalité, par avance on la construit en imagination. M. Poincaré est un grand laborieux, et

M. Briand, à défaut d'une vertu plus active, a cette qualité qu'il aime voir travailler les autres. Sur les instances successives du Président de la République et du Président du Conseil, je m'employai donc, en janvier et février 1917, à former un « Comité d'Etudes », chargé, aux termes mêmes de son mandat, de « constituer une série de dossiers utiles à ceux qui auront la responsabilité de représenter la France au Congrès de la Paix ».

Sous la présidence d'Ernest Lavisse et la vice-présidence de Vidal de la Blache, puis la mienne, ce Comité d'études tint quatorze séances du 19 mars au 19 novembre 1917, trente séances au cours de 1918. Il abattit une énorme besogne dont témoignent deux épais volumes pet. in-folio, intitulés, l'un : *L'Alsace-Lorraine et la frontière du Nord-Est*, l'autre : *Questions européennes*, et les deux atlas correspondants, l'un de 27, l'autre de 21 planches.

On a dit que la paix avait été improvisée. La vérité est qu'aucun traité depuis ceux de Westphalie, fondés sur les recherches des Godefroy, père et fils, n'avait été préparé aussi sérieusement que la paix de Versailles. Mais, s'il dépendait bien du Comité que ses dossiers fussent « utiles », il ne dépendait pas de lui qu'ils fussent « utilisés ». Tout s'y trouvait, de quoi faire une bonne paix. Mais personne ne l'a su. Les hommes, même les plus qualifiés pour en être informés, l'ignorent. Chaque quinzaine, après lecture et examen critique, avant d'être envoyés à l'imprimerie, les mémoires dactylographiés et les procès-verbaux des séances étaient remis par moi au Président de la République et au Président du Conseil. Le plus souvent le Président du Conseil (il avait autre chose à faire !), les ayant reçus avec un remerciement, les enfermait tout de suite dans un tiroir secret. Seul le Président de la République s'en pénétrait si bien qu'il eût pu, sans s'y reporter, écrire sur leurs données toute une consultation, qui, du reste, n'eût peut-être pas eu une meilleure fortune.

Il y eut, il est vrai, à la veille de la Conférence, certaines réunions « interministérielles », où l'on fit quelque peu mention des « études » du « Comité ». Mais ce ne fut que dans les sphères inférieures : le tout puissant Conseil des Quatre ne daigna point s'en inspirer, ni, ce qui fut pire faute, s'en éclairer. Les 500 exemplaires de l'édition et les tirages à part (Imprimerie Nationale) furent déposés aux archives du Ministère des Affaires étrangères qui les conservèrent jalousement et où il est probable qu'ils dorment, en grand nombre, dans une poussière épaissie d'année en année. — Ce n'était pas la peine de mobiliser, pour un résultat aussi nul, l'Institut, la Sorbonne et le Collège de France !

Par cette double expérience, je devrais être édifié sur la vanité de l'exercice qui consiste à vouloir rassembler sous la main des politiques ou des diplomates plus ou moins professionnels les éléments des questions qu'ils vont avoir à traiter et à résoudre. Ils dédaignent d'instinct tout ce qui ne sort pas de chez eux. Mais si, d'aventure, il n'en sortait rien ? Je connais le fond de leurs cartons. Ils sont pauvres. C'est pourquoi, patriotiquement, bien qu'échaudé ou refroidi, je recommence. Mais cette troisième fois, afin que la peine ne soit pas tout à fait perdue, je publie au préalable mon nouveau dossier,

Une moitié des pages qu'on va lire a paru en articles, l'an dernier, dans l'*Echo de Paris*. J'ai développé largement, ici, ce qu'on pourrait appeler l'histoire parlementaire italienne et anglaise de la Tunisie ; ajouté un chapitre sur la Tripolitaine, un autre sur l'Asie mineure. Mais je me suis imposé comme loi de ne faire œuvre que d'historien, et moins d'historien que de chroniqueur au sens ancien du mot, et moins encore de chroniqueur que de compilateur ou de collectionneur. Interdiction absolue d'émettre une opinion, d'indiquer une orientation. Sur mon ambition invétérée d'être « utile » ne s'est greffée que celle d'être enfin « utilisé ». Non pas moi, cela va sans dire, mes notes. On ne m'ôtera pas de la tête que, lorsqu'on se dispose à « causer » avec quelqu'un, il ne peut être mauvais de savoir non seulement comment on lui parle, mais l'ensemble et le détail de ce dont on lui parlera, et comment lui-même il en a jugé et parlé dans le passé.

Ce sera toute ma préface, qui n'aura été qu'un avertissement. Car il n'est pas besoin, je pense, de souligner l'extrême et vitale importance qu'a pour nous la « question méditerranéenne ». Je l'ai marquée récemment dans un autre ouvrage en traits que le plus simple est de reproduire :

« La formation du bloc territorial de jour en jour plus compact qui, à des titres divers et sous des dénominations différentes, réunit, par des communications intérieures de mieux en mieux établies, l'Afrique septentrionale, départements algériens, protectorat tunisien, protectorat marocain, à l'Afrique occidentale et à l'Afrique équatoriale françaises, rend en effet indispensable de maintenir libre, coûte que coûte, le passage de la Méditerranée, du Sud au Nord pour les ressources de toute nature que la métropole peut légitimement tirer de son domaine colonial, du Nord au Sud pour le personnel et le matériel qu'elle peut avoir à y envoyer.

« Il y a plus, et la France se doit en outre de porter ses regards plus loin, partout où il y a, dans d'autres mers dont celle-ci est le chemin, une œuvre, une entreprise, une espérance française. Et ce supplément de devoir lui commande

*de maintenir libres également de l'Ouest à l'Est
et de l'Est à l'Ouest les routes de la Méditerranée.*

*« Si, dans la première de ces deux directions,
Nord-Sud, elle croise les voies de quelque autre
grand Etat, dans la seconde, elle les côtoie. Il
est donc clair qu'une question méditerranéenne
étant constamment posée, ou pouvant constamment se poser pour elle, la solution n'en saurait
être remise au hasard, à l'accident heureux, et
que, comme la France doit constamment avoir
sur terre une politique des frontières (de la frontière), sur mer il lui faut constamment avoir
une politique méditerranéenne, avec, bien entendu, les moyens de cette politique. »* (1)

Il reste à expliquer pourquoi ce dossier de *la Question Méditerranéenne*
prend place dans une collection consa-
crée à l'Occident.

L'explication est brève et péremptoire.

C'est, géographiquement, que la Méditerranée est une mer occidentale autant
et plus qu'une mer orientale (encore n'en
avons-nous fait le tour que par le Sud,
par sa rive africaine, et faudrait-il le faire

____

(1) *Les Lois de la Politique française.* Fayard, 1928. p. 156.

aussi par sa rive européenne, par le Nord, où nous verrions se lever sous nos pas dix problèmes occidentaux).

C'est ensuite, historiquement, que, depuis qu'il y a des nations sur la Méditerranée, cette mer antique du monde, la question méditerranéenne a toujours été une question d'Occident autant et plus qu'une question d'Orient, à telles enseignes qu'il serait permis de dire qu'il n'y eut jamais, qu'il n'y a pas, et qu'il y aura de moins en moins, de plus grande question d'Occident que la prétendue question d'Orient.

Rotterdam, 28 février 1928.

CH. B.

La Question Méditerranéenne

LE TOUR
DE LA MÉDITERRANÉE

Il est naturel et il est nécessaire qu'une préoccupation constante attache nos regards aux rives du Rhin. Mais ce grand souci ne peut ni ne doit chasser de notre esprit toute autre pensée, et, pour la sécurité d'un avenir que nous voulons sans trouble, il est bon aussi que quelque signe nous rappelle de temps en temps que ce fleuve ne borne pas tout notre horizon politique, et qu'il y a, par exemple, une Méditerranée.

Le traité d'arbitrage italo-allemand (quand bien même un mot plus tendre, celui d'amitié, figurerait dans le titre, il ne faudrait pas s'en émouvoir : il est quasi protocolaire, même pour les traités de commerce), ce traité était à peine signé quand on a annoncé simultanément la reprise par l'Espagne de ses réclamations au sujet du régime de Tanger et la visite de M. Winston Churchill au gouvernement italien. Sans lier ensemble ces deux faits d'un lien plus étroit que peut-être ils n'en comportent, il est permis de noter leur concomitance, du simple point de vue chronologique.

Et puisque M. Winston Churchill, avant de s'arrêter à Rome, venait de faire son petit tour de Méditerranée, il n'est pas défendu de faire comme lui, ne fût-ce que dans un fauteuil, et sur un atlas. Pourquoi le souvenir s'éveille-t-il tout à coup dans ma mémoire, qu'à la veille de la guerre européenne, un des hommes d'Etat les plus remarquables de ce temps, le Dr Abraham Kuyper, ancien président du Conseil des ministres néerlandais, partait pour la même promenade et en rapportait, avec deux gros volumes : *Autour de l'ancienne Mer du Monde*, des avertissements qui ne furent pas écoutés ?

L'Espagne, dans la Méditerranée, n'a de visées territoriales qu'au Maroc. Bien que l'intérêt en ait été de longue date aperçu par elle; bien que la côte rifaine soit, pour elle, plus réellement que ne l'est, pour l'Italie, l'autre rive, l'*altra sponda*, beaucoup moins rapprochée, la Libye ; et encore bien que, sur la côte occidentale même, elle ait fait, au cours de l'Histoire, quelques tentatives pour prendre pied; bien que, dans la période moderne, ses *Africanistas* se soient efforcés d'en ranimer la tradition, c'est surtout depuis la perte de Cuba et des Philippines qu'elle a paru en sentir l'importance. Maintenant, elle ne la déprécie pas, elle l'exagérerait plutôt. Importance non seulement économique, mais, à l'en croire, stratégique. Ses militaires soutiennent que les montagnes du Rif, avec l'Atlas par derrière, et les chaînes qui encadrent les plaines andalouses, ne forment qu'un seul système, que les unes continuent les autres, et que, par conséquent, la maîtrise ou la libre disposition de la côte opposée est une condition de sa défense. Comme postes avancés vers l'Est, en pleine Méditerranée, et coupant la route de l'Algérie, les Baléares. En Algérie même, surtout dans le département d'Oran, toute une population qui, par ses origines, par le sang et par la langue, lui constitue une clientèle.

La France est méditerranéenne, au Nord par ses provinces du Roussillon, du Languedoc et de la Provence. En sentinelle, en grand'garde, la Corse ; mais les vues sur le Midi en sont bouchées par la Sardaigne, et les mouvements surveillés de Gênes et de Livourne, paralysés par la Spezzia et la Maddalena. De l'autre côté de la mer, par ses bords méridionaux, Algérie, Tunisie, l'accès au bloc de notre empire africain, possessions, protectorats et colonies; l'Algérie, prolongement direct de la métropole, ouvrant des chemins de plus en plus praticables, et bientôt, certainement, de plus en plus pratiqués, entre nos diverses Afriques. Les événements, de 1914 à 1918, ont montré à quel point nous étaient indispensables la liberté et la sûreté de cette communication. Ce n'est désormais ni plus ni moins qu'une de nos artères vitales.

L'Italie ensuite. Un littoral qui n'en finit pas ; puis, la botte contournée de la pointe au talon, encore un autre littoral qui n'en finit plus, avec, à présent, un troisième littoral, par delà le golfe de Trieste, jusqu'aux confins de l'Istrie et de la Dalmatie. Des centaines de kilomètres de côtes, et encore des centaines ; touchant presque à l'Afrique par l'un des sommets du triangle sicilien ; l'Italie, engagée en Tripolitaine et en Cyrénaïque, de l'union desquelles elle fait renaître l'antique Libye, et où, sur un très long parcours, cllle redevient riveraine de la mer bleue.

Ici, c'est-à-dire entre la Tunisie et la Cyrénaïque, à égale distance de la petite et de la grande Syrtes, exactement sur la ligne Syracuse, Malte, Tripoli, finit la Méditerranée occidentale. L'ouverture est, entre Tripoli et Malte, de 196 milles marins; entre Tripoli et Syracuse, de 274 milles ; de 381 milles entre Syracuse et

Bengasi ; de 436 milles entre ce dernier port et de 492 milles entre Derna et Messine ou Reggio de Calabre. En pendentif à la Sicile, droit au Sud, au tiers environ de l'intervalle qui sépare l'Europe de l'Afrique, à 83 milles de Syracuse, Malte, station, arsenal, magasin, point d'appui, place d'armes britannique.

.•.

Un peu plus haut s'embranche, par la mer Ionienne, l'Adriatique. Tout ce qui descend de là a toujours eu, depuis la République de Venise, le visage tourné vers l'Orient. On ne peut pas dire que les Etats situés sur l'Adriatique n'aient pas d'intérêts méditerranéens, car l'Adriatique, si elle ne mène pas à tout, ne conduit quelque part qu'à la condition d'en sortir. C'est une espèce de Baltique méridionale, avec un goulot — ou un goulet — plus large. Or elle ne conduit que dans la Méditerranée. Mais ce ne sont quand même que des intérêts lointains et indirects, quoi que l'Italie, au temps de la Triple-Alliance, ait voulu, pour en tirer de l'aide, persuader à l'Autriche, et même à l'Allemagne. Héritier d'une partie de la province côtière, du *Kustenland* adriatique, le royaume des Serbes, Croates et Slovènes serait-il disposé à faire valoir les droits que pourrait lui conférer cette manière de mitoyenneté maritime? De toute façon, la voie de Salonique, qu'il a paru préférer, l'eût amené encore sur la Méditerranée orientale.

La Grèce, avec la Crète ou Candie, est un pays qui, dans le monde moderne, ne serait rien, et dont le commerce même, si actif, si ingénieux, disparaîtrait s'il n'avait plus à son service la mer. Dans l'antiquité, la mer reliait, avec l'étape de la Crète, la Grèce et l'Egypte, d'autre part, avec le chapelet, le semis des îles, la Grèce et l'Asie. Dans la succession de Venise, l'Italie a recueilli des prétentions qui dépassent le Dodécanèse, et qui volontiers iraient, par Chypre, jusqu'à l'Asie antérieure.

La Turquie, pour l'instant, repliée sur elle-même, n'est presque plus méditerranéenne, ni en Europe, ni en Asie, ni en Afrique.

Achevons, en le reprenant par le Sud, le tour que nous n'aurions pas dû interrompre. A l'Est de la Cyrénaïque, au contact de la Libye, c'est-à-dire de l'Italie, l'Egypte, c'est-à-dire l'Angleterre. Nous avons déjà vu, à Malte, la Grande-Bretagne. A Malte, au beau milieu de la Méditerranée. Nous l'avons rencontrée dès Gibraltar, gardant la clef, tenant la porte, effaçant, du moins pour elle, si elle se réserve de l'opposer aux autres, la négation inscrite par la légende sur les imaginaires colonnes d'Hercule. *Nec plus ultra,* disait cette légende. *Plus ultra,* dit l'Angleterre, comme Philippe II d'Espagne, avec autant d'orgueil, plus de puissance, plus de volonté et de ténacité que lui. Plus outre, vers Suez, vers les Indes, vers l'Extrême-Orient, vers l'Australie et l'Océanie. Ainsi qu'elle est installée à l'entrée, elle l'est aussi à la sortie, à Port-Saïd : un bout ne lui suffirait pas ; il lui faut les deux. Elle serre en ses mains les deux cordons qui lui permettraient au besoin de fermer le sac, en faisant un nœud sur Malte. Mais ce n'est pas tout. Nous la retrouvons, s'établissant en Palestine, en Mésopotamie, s'insinuant en Perse, bastions échelonnés de ses Indes. Il n'est pas sûr qu'elle soit tout à fait absente de la Syrie, où, pour comble de surprise, nous attendent, dans des écoles que suscite le prosélytisme religieux, même les Etats-Unis, inventeurs, en Amérique, de la doctrine de Monroë, et champions, dans le reste de l'Univers, des intérêts américains.

Au total, il y a trois grandes puissances méditerranéennes : la Grande-Bretagne, la France et l'Italie. Quatre avec l'Espagne. Cinq, dans la mesure où les États-Unis jugeraient expédient de s'associer à elles. Il sera instructif de considérer ce que les unes font, et ce que les autres ne font pas.

POINTS DE FRICTION
LE MAROC ET L'ESPAGNE

Point de friction est l'expression même dont M. Arthur Balfour, le 10 novembre 1902, et lord Lansdowne, le 12 décembre suivant, se servirent devant le Parlement britannique pour faire à la situation du Maroc des allusions plus ou moins claires. C'est bien là, ou c'était bien là, une de « ces régions où des peuples de civilisation supérieure se trouvaient en contact avec des peuples de civilisation inférieure », et où, par une conséquence presque fatale du frottement, la guerre, suivant ces deux autorités, « demeurait possible ». Ne chicanons pas sur les divers degrés des civilisations comparées ; n'insistons pas sur les qualificatifs de « supérieure » et « d'inférieure » ; disons simplement : deux peuples de civilisation différente. Il reste, en effet, que, la différence étant irritée par la friction, la guerre est toujours possible.

Jusqu'aux dernières années du XIX⁰ siècle, les possibilités mauvaises, les dangers virtuels, que recélaient dans leurs criques et dans leurs flancs les côtes et les montagnes du Maroc, dormirent, et jusqu'aux premières années du XX⁰, après quelques mouvements suspects, ils se remirent à sommeiller. Trois puissances surtout paraissaient destinées à s'y rencontrer : l'Espagne, l'Angleterre et la France. Mais aucune des trois ne montrait d'empressement à s'y engager. Il semblait qu'il y eût une sorte d'accord tacite pour laisser les choses en l'état le plus longtemps qu'elles pourraient tenir, par peur de complications redoutables, et que l'on n'eût, dans cette question d'Occident, comme dans la question d'Orient, que la politique négative qui consiste à ne rien résoudre, de crainte d'une solution pire. « Ne pas agiter ce qui repose », dit le vieil adage. Mais il ne faut pas remuer les eaux vives plus que les eaux dormantes. Et peut-être moins encore. *Inquieta non movere.* C'était, notamment, la position prise, après ses malheurs de 1897-1898, par l'une des nations les plus directement intéressées : l'Espagne. Néanmoins, les incidents n'avaient pas manqué ; à plusieurs reprises, ils avaient failli se changer, ou même ils avaient commencé à se changer en événements ; aussi n'est-il pas inutile d'en dresser un aide-mémoire, sous la forme sèche — et un peu fastidieuse — d'un simple sommaire chronologique.

Au regard de l'Espagne, une chronologie des affaires marocaines (nous ne parlons ici que des faits et ne considérons qu'une période récente) peut donc s'établir ainsi: En 1844, à la suite du meurtre de son agent consulaire, V. Darmon, l'Espagne envoie un ultimatum au sultan, mais, le 25 août, un arrangement intervient, et l'on profite de la circonstance pour définir mieux les limites du *presidio* de Ceuta. En 1845, le 8 mai, convention de Larache, et même opération pour les limites de Mélilla. En décembre 1848, occupation brusquée des îles Chafarines, sur notre frontière algérienne, à l'embouchure de la Moulouya. Onze années passent ; puis, tout à coup, en 1859, bien qu'un différend soulevé par la capture de bateaux espagnols ait été réglé diplomatiquement (convention du 24 août), expédition d'O'Donnell, bataille d'Oued-Ras, et marche victorieuse, arrêtée court sur un signe de l'Angleterre, qui surveille avec une

attention jalouse les approches de Tanger; préliminaires
de paix, et paix décevante, dont on dit amèrement :
« Une petite paix pour une grande guerre. — *Una
guerra grande y una paz chica* » ; plainte que l'on ré-
pétera plus tard dans les mêmes termes. Le 30 octobre
1861, traité pour l'évacuation de Tétouan, dont
O'Donnell ne garde que le titre d'un duché *in partibus*
et, satisfaction à peine moins creuse, ne tire qu'un traité
de commerce. 26 juin 1862, 14 novembre 1863, 31
juillet 1866, 11 juin 1871, discussions et actes concernant la circonscription de Melilla. Mais toutes les difficultés n'en sont point pour autant résolues, et, dès 1866,
on forme le projet, auquel on reviendra en 1872, d'a-
bandonner les présides mineurs, le Penon de Velez et
Alhucemas, projet qui n'échoue que par l'effet inattendu
d'une bévue parlementaire.

Entre temps (1871), une histoire de prisonniers espagnols capturés aux environs de l'Oued-Noun avait provoqué l'envoi de deux frégates à Tanger, et ramené du
Nord au Sud, de la Méditerranée vers l'Atlantique, les
regards, et les aspirations, à la fois imprécises et persis-
tantes, de l'Espagne.

L'ancienne énigme de l'emplacement où avait dû
s'élever jadis la pêcherie de Santa-Cruz de Mar-Pequena
taquinant de nouveau les imaginations, le *Blasco de
Garay*, monté par une commission d'officiers et de géographes, partait à sa recherche ; d'autres explorateurs
suivaient; il en venait même des Canaries ; l'opinion
publique se passionnait ; si bien que le problème finit
par être posé officiellement, que des ambassades marocaines se rendirent à Madrid, et que des conférences se
tinrent à Tanger sans aboutir d'ailleurs à un résultat
sérieux (1877-1878). Cependant l'Espagne s'occupait,

pour sa part, de régler juridiquement la condition de ses protégés au Maroc et venait d'y réussir par la convention internationale de Madrid (3 juillet 1880), lorsque se produisit, dans la direction de sa politique intérieure, un changement imprévu qui ne fut rendu possible que par la sagesse hardie du grand homme d'Etat conservateur, Canovas del Castillo : l'avènement du parti libéral, ralliant et liant à la monarchie son rival devenu son émule, et, bon gré, mal gré, son collaborateur, Sagaste (février 1881). Il fallait débuter par un coup d'éclat : le nouveau gouvernement réveilla la question de Santa-Cruz et déclara le protectorat espagnol du cap Bojador au cap Blanc (d'où naquit le territoire du Rio de Oro). Les esprits s'échauffaient. Canovas s'étudia à les calmer dans le discours qu'il prononça, le 12 novembre 1883, pour clore le congrès de la Société de Géographie.

Au retour d'un voyage à Paris, en 1887, le ministre d'Etat (ministre des Affaires Etrangères), Moret, adressa aux puissances une circulaire tendant à la réunion d'une seconde conférence en vue de réformer les décisions prises par celle de 1880, sur le statut des protégés. Dessein qui n'aboutit pas. Des prises maritimes, des insultes au pavillon national, des assassinats même, en 1889, aggravés, en 1890, d'attaques ouvertes contre Melilla, eussent justifié un recours aux armes, si des satisfactions n'avaient été données, et si, en particulier, le sultan n'avait paru se résigner enfin à exécuter l'article 6 du traité de 1859, demeuré vain pendant plus d'un quart de siècle. Trois ans plus tard, en 1893, une nouvelle affaire de Melilla obligea l'Espagne à intervenir militairement. Mais une ambassade du maréchal Martinez Campos à Fez amena vite le Maghzen à une composition qui sauvait doublement la face. L'état de l'opinion, en Espagne, était tel que personne ne désirait pousser au bout l'aventure.

Le *statu quo* dans l'Empire chérifien, comme dans l'Empire ottoman, était devenu un dogme pour tous les partis. Emilio Castelar l'avait proclamé expressément dans son fameux discours du 7 février 1888, qui fut son adieu à la tribune, un adieu solennel et désenchanté; et j'en ai personnellement, en 1894 et en 1896, recueilli la confirmation, tant de sa propre bouche que de celle de Canovas et des lèvres de deux autres chefs républicains, Salmeron et Azcarate. En 1895, le soufflet lancé par le général Fuentes à l'ambassadeur marocain Sidi Brischa fut, dans un pareil sentiment, réduit aux proportions d'un fait-divers (convention de Madrid du 24 février). Bientôt, les insurrections simultanées de Cuba et des Philippines, entraînant la guerre avec les Etats-Unis, tournaient violemment les efforts pénibles de l'Espagne vers les extrémités du monde. Ses forces n'étaient pas encore réparées quand, au mois d'août 1901, la revue *La Lectura* publia, sur le Maroc, un article anonyme où il était facile de reconnaître la main de Francisco Silvela, naguère dissident, maintenant successeur de Canovas. On n'était plus qu'à peu de mois de la phase des accords, 1902 et 1904.

LE MAROC — L'ANGLETERRE
ET L'ALLEMAGNE

L'Angleterre, selon sa coutume, faisait, de préférence, bande à part. Pour ne pas remonter au delà du XIX° siècle, dès mars 1808, elle avait occupé l'îlot de Peregil, rocher moussu planté à l'entrée du détroit de Gibraltar, et sur lequel les Etats-Unis, eux aussi (n'est-ce pas admirable ?) devaient élever des prétentions. En 1844, la Grande-Bretagne avait bien offert sa médiation, dans l'affaire Darmon, entre l'Espagne et le Maroc et, en 1845, entamé des pourparlers, à fin d'action commune entre l'Angleterre, l'Espagne et la France ; mais la conversation avait été rompue sur un échec, et, depuis lors, s'enfermant dans le silence, l'Angleterre s'était contentée d'observer de près, en 1854, les affaires marocaines. Elle n'était sortie de sa passivité qu'en 1859, pour arrêter, comme je l'ai dit, la marche des Espagnols sur Tanger, et, en 1861, pour exiger du Maroc des dommages de guerre au profit de ses nationaux, plus ou moins durement lésés. Long silence encore. Puis, en 1878, des ingénieurs anglais et français ayant été chargés des travaux du port de Tanger, des officiers anglais et français chargés de l'instruction de l'armée marocaine, mécontentement non déguisé de l'Espagne. La même année, un sujet britannique, M. Mackenzie, s'installe au cap Juby. Le sultan proteste; et, naturellement, l'Angleterre couvre l'Anglais. En 1880, en 1887, on la voit s'empresser d'abord à la conférence sur les protégés, ensuite caresser un projet de traité de commerce avec le Maroc, intéressant en participation l'Angleterre elle-même, l'Allemagne et la France, mais qui avorte. En 1893, elle ne se désintéresse pas du conflit de Melilla. De 1890 à 1901, c'est, entre elle et le sultan, un échange de politesses : missions à Fez de M. Ewan Smith (1890), de M. Satow (1894); ambassade à Londres d'El-Menebbi et du « caïd » Mac-Lean (l'Angleterre a toujours en réserve un de ces étranges caïds, qu'on appelait jadis des renégats !).

Remarque essentielle : l'Angleterre n'a jamais voulu prendre rien pour elle au Maroc : pas même reprendre Tanger, qu'elle avait occupé vingt-deux ans, à la fin du XVIIᵉ siècle. Elle n'a jamais voulu nous empêcher autre chose que de nous établir (nous, d'ailleurs, ou tous autres) sur la côte méditerranéenne et aux environs immédiats du détroit.

Avant le commencement du XXᵉ siècle, les frottements d'où pouvait jaillir une flamme qui allumât un incendie ne s'étaient produits au Maroc — ouvertement, du moins — qu'entre peuples de civilisation inégale. Désormais, il y en aurait, à propos du Maroc, entre nations européennes, de traditions et de culture seulement différentes. Les puissances à qui une longue histoire et le voisinage même avaient créé des intérêts, des devoirs et par conséquent des droits ou, si l'on veut, des titres, l'Espagne, la France allaient y rencontrer des puissances plus jeunes, vieilles et jeunes tout ensemble, rajeunies, ressuscitées, revenues tard dans un monde partagé, l'Allemagne, l'Italie.

C'est en 1880 que, pour la première fois dans la période contemporaine, l'Allemagne se mêle diplomatiquement des affaires du Maroc; et Bismarck, attaché avec persévérance à nous occuper en Afrique, ne s'en mêle d'abord que pour donner à l'Ambassadeur allemand à Madrid l'ordre de suivre en tout point, sur ce sujet, à la Conférence qui doit s'ouvrir, le plénipotentiaire français, l'amiral Jaurès. Les instructions du Chancelier étaient si nettes, son attitude si favorable, que M. de Freycinet se crut obligé de l'en remercier. En 1887 encore, lors des incidents soulevés autour du chérif d'Ouezzan, bien que, dans l'intervalle, à deux reprises, et peut-être davantage, sur une démarche du Ministre d'Etat espagnol, M. Moret, il ait été sollicité, tenté ou tâté, on verra par qui, Bismarck se défendit de prendre l'initiative d'une revision des résolutions arrêtées et renvoya l'Espagne à s'entendre directement avec la France et avec l'Angleterre. Il est vrai qu'en 1889, le Prince étant pour la dernière année à la Wilhelmstrasse, le bruit courut que l'Allemagne voulait pousser une pointe à la frontière algérienne, sur l'Oued Kis, mais c'était faux, si faux, que la France, mise en éveil, y prit en paix ses sûretés. On dit aussi, en 1893, après la disgrâce de Bismarck, que l'Allemagne se proposait d'installer une station de charbon aux Chafarines, mais ce n'était pas moins faux, et il aurait été intéressant de savoir qui le faisait dire. L'année suivante, en novembre 1894, l'assassinat de l'Allemand Neumann à Casablanca fournit un motif à de violents articles de la *Gazette de l'Allemagne du Nord* et prétexte au projet de mission du comte de Tattenbach à Fez. Jusque alors, pourtant, et même jusqu'au delà de 1900, la politique allemande au Maroc ne s'était montrée ni taquine, ni surtout agressive. Le 23 juin 1901, dans une conversation avec M. Delcassé, qui l'entretenait de ses desseins, le prince Radolin, ambassadeur d'Allemagne, en convenait : « Rien de plus juste : tout le monde se rend compte de cette situation ».

Mais, sur ces entrefaites, El Menebbi vint en voyage officiel à Hambourg. A la suite de sa visite, l'idée ne tarda pas à se faire jour, dans certains milieux allemands, d'occuper un port et de s'établir dans les plaines du *Vorland*, de l'avant-pays marocain; — dans certains milieux beaucoup plus que dans le Gouvernement impérial lui-même, qui resta quelque temps très réservé, comme s'il attendait d'avoir la main forcée. Mais aussitôt, de toutes parts, un grand travail se fit pour la lui forcer, un beau travail allemand de musique bien orchestrée, avec une exécution bien conduite. Le Congrès tenu à Esslingen par les pangermanistes de Wurtemberg, le 20 mars 1904, fut relativement modéré : il se contenta de réclamer au Maroc « la porte ouverte; pas d'avantages territoriaux ». Cependant, deux mois à peine s'étaient écoulés, que le ton haussait sensiblement. Réunie à Stettin le 30 mai, l'Assemblée coloniale allemande, changeant de terrain, et plus pangermaniste que coloniale, exigeait « des compensations au moins égales à l'accroissement de la puissance française » et signifiait, par une adresse au chancelier de l'Empire, sa volonté ainsi formulée. Pour l'y décider, le comte Pfeil avait fait valoir que l'Empire avait encore la possibilité de l'assurer d'une terre où l'Allemand pouvait prospérer; qu'il fallait donc diriger vers le Maroc les 32.000 émigrants qui, chaque année, allaient chercher fortune aux Etats-Unis; qu'enfin, du point de vue politique, le Maroc était, à l'heure présente, le seul point d'appui dont pourrait se servir la marine allemande, soucieuse de maintenir, au cas de complications internationales, « le libre passage entre l'Allemagne et le canal de Suez ». Et, quatre jours après (3 juin), dans un autre meeting, à Lübeck, le même comte Pfeil, interprète des sentiments de l'*Union pangermanique*, revendiquait, au nom des intérêts politiques et économiques de l'Allemagne, l'acquisition de la côte atlantique du Maroc. Elle (l'*Union* ou l'Allemagne?) se déclarait blessée de l'humiliation subie par l'Empire, qui n'a pas été consulté au moment des négociations franco-anglaises; elle sommait le Gouvernement de saisir l'occasion qui lui était offerte d'introduire l'influence allemande et de l'asseoir solidement dans l'Empire du Moghreb.

Tandis que, plus ou moins artificiellement, l'opinion allemande s'échauffait, la presse, comme toujours dûment stylée, demeurait, par comparaison, assez calme. Mais il ne faut pas perdre de vue que l'on est à la première moitié de 1904 et que les événements se nouent, pour se précipiter bientôt. Déjà, depuis quelques mois, la diplomatie a commencé de travailler. Le 27 mars, le prince Radolin a interrogé M. Delcassé. L'accord franco-anglais du 8 avril met les têtes aux champs. Le chancelier, répondant devant le Reichstag à une interpellation de Bebel et du comte Reventlow où apparaît le mot « isolement de l'Allemagne, » — il semble que l'invention en revienne à Bebel, — parle, à l'imitation de son gracieux seigneur et maître, de « l'épée affilée de l'Empire ». Mais l'Empereur lui-même, les discours étant peu à peu montés à ce diapason, va tumultueusement entrer en scène.

Notre ambassadeur à Berlin, M. Bihourd, s'émeut.

Il demande (18 avril) l'autorisation, qui lui est accordée, de jeter une poignée de cendre sur le feu qui menace d'éclater, en appelant l'attention du Gouvernement allemand sur le fait rassurant que l'article 4 de l'accord, dont ce Gouvernement prend ombrage, garantit la liberté du commerce au Maroc. Mais il n'augure rien de bon. « J'incline à penser, écrit-il, que, dès son retour, l'empereur imprimera à sa politique plus d'activité et de hardiesse. Il y sera poussé par son caractère, par le désir de montrer que l'Allemagne n'est ni isolée, ni désarmée. » Comme cette dépêche est du 12, l'idée d'*isoler* l'Allemagne, de son *isolement*, est donc dans l'air, qui n'en devient pas plus léger. A l'accord franco-anglais du 8 avril, succède, le 6 octobre, la convention franco-espagnole. L'hiver se passe dans un malaise. Le 22 mars 1905, M. Bihourd annonce et dénonce « les exigences que le Gouvernement impérial se propose de faire peser... » De faire peser de tout le poids de sa force. L'ambassadeur de France n'aperçoit qu'un remède : « Il me paraît nécessaire de préciser, par un échange de notes, la portée, en ce qui concerne les intérêts commerciaux et industriels de l'Allemagne, des deux accords franco-anglais et franco-espagnol. Jusque-là, nous demeurons sous la menace, assez clairement formulée par la presse allemande, de quelque fâcheuse surprise. »

Mais on n'en était plus aux expédients, émollients, baumes et tisanes diplomatiques. Il était trop tard. Moins de quinze jours après, l'empereur descendait à Tanger. Coup de théâtre qui visait au coup de foudre. Puis, selon les règles d'une savante dramaturgie, tout retombe dans le silence. M. Bihourd essaie d'expliquer ces secousses, ces soubresauts, ces attitudes contradictoires. Il dit, le 22 avril : « La politique du chancelier a tenu à donner satisfaction à l'amour-propre national; ensuite, à apaiser, par un dédommagement, les plaintes de l'industrie et du commerce, qui se disent sacrifiés dans les récents traités. » En vain, M. Delcassé adresse, le 30, une circulaire à nos ambassades de Saint-Pétersbourg, Londres, Rome, Vienne, Madrid. Plus vainement encore, il fait offrir à M. de Mühlberg le texte de son entretien avec Radolin du 27 mars 1904. M. de Mühlberg remercie et refuse : il le connaissait. Le texte même de l'entretien du 23 juin 1901 : « Rien de plus juste; tout le monde se rend compte de votre situation », l'eût laissé indifférent. Une phrase; bien moins qu'un chiffon de papier. Si les écrits ne restent pas, comment les mots ne s'envoleraient-ils point? D'ailleurs, en juin 1905, M. Delcassé devait quitter le ministère des Affaires étrangères.

LE MAROC ET L'ITALIE

Au commencement de mars 1878, lord Derby, principal secrétaire d'Etat de Sa Majesté pour les Affaires extérieures, proposa au Gouvernement de Rome un « échange d'idées » sur les intérêts communs à l'Angleterre et à l'Italie dans la Méditerranée. Le 9 de ce mois, autorisé et invité à cette démarche par un télégramme de son chef reçu le 8, l'ambassadeur d'Italie à Londres, le général marquis Menabrea, entama sur ce vaste sujet la conversation avec le ministre britannique. Mais les vicissitudes du régime parlementaire y rendent les projets aussi fragiles que les hommes. Ce même jour, 9 mars, tandis que l'on parlait à Londres en son nom, le président du Conseil italien, Depretis, était renversé. Son successeur, Benedetto Cairoli, ne forma le nouveau Cabinet que le 24. Ainsi le dialogue fut aussitôt interrompu. Il y avait été question de l'Egypte, de Tripoli, de Tunis. Nullement, que l'on sache, du Maroc. Pas un mot, pas une allusion.

Pour toute cette période, je me réfère principalement aux *Mémoires de Crispi*, publiés par son neveu Palamenghi. Le Maroc ne paraît dans ses préoccupations, toujours prêtes à éclater (« Je suis, disait-il de lui-même, comme le volcan de mon pays, comme l'Etna : j'ai la neige au front, mais la flamme au cœur »), le Maroc ne s'y révèle donc, ou plutôt n'y est introduit qu'en 1887, pour la première fois, à la date du 3 octobre. Ce fut à l'occasion de la circulaire par laquelle le ministre d'Etat espagnol, Moret, essayait d'engager les puissances à reviser la convention de 1880 sur les protégés. Il y avait urgence, prétendait-on. Le sultan, qui ne se sentait plus le maître chez lui, était gravement malade. S'il mourait, que se passerait-il ?

A brûle-pourpoint, dès le début de son entretien avec Bismarck, le 3 octobre 1887, à Friedrichsruhe, où il s'était rendu en visite, Crispi interrogea le Chancelier. « Je lui donne connaissance des événements du Maroc, note Crispi dans son Journal, et je lui déclare quelle serait l'attitude de l'Italie, pour que, en cas de mort du sultan, n'arrivât pas au trône chérifien un favori de la France et pour que la France ne prît pas prétexte de ce fait pour étendre ses frontières du côté du Maroc. » Il ne semble pas que Bismarck ait répondu.

Crispi rentre à Rome le 6 octobre. Le 16, il écrit : « Les Français s'agitent et voudraient susciter des désordres au Maroc. Le ministre des Affaires étrangères d'Espagne voudrait une conférence européenne pour le Maroc. » Il faut qu'une porte soit ouverte ou fermée. Il s'agit de ne pas la laisser clore. Et voilà, du moins entre l'Espagne et l'Italie, une partie qu'on va s'efforcer de lier.

A partir de ce moment, Crispi se tient en contact incessant avec le ministre d'Espagne à Rome, le comte Rascon. Il le voit le 22 octobre, le revoit le 3, le 6, le 25 novembre, le 1ᵉʳ, le 12, le 18 décembre 1887, le 12 février et le 4 avril 1888. Mais, dans l'intervalle, se sont présentés d'autres interlocuteurs; l'un, dès le 23 octobre, l'ambassadeur d'Autriche, pas très encourageant : « L'ambassadeur d'Autriche est venu me parler d'un entretien du ministre d'Espagne à Vienne avec le comte Kalnoky, sur les affaires du Maroc. Kalnoky aurait conseillé un accord entre l'Espagne et la France. »

Mais l'Etna ne saurait s'éteindre pour une douche. Le 31, Crispi consigne sur son carnet : « La conférence : acceptée par nous, à condition qu'elle traite et résolve toutes les questions. » Au surplus, il veut être bon prince : « Sur les trois points communiqués par la France, je suis favorable ».

Mais, à son tour, le 11 novembre, le comte Solms, ambassadeur d'Allemagne, se mêle à la conversation, et tout de suite il en prend le dé. Il est plus assidu aux réceptions de Crispi que ne l'est le comte Rascon lui-même. Il revient le 17, le 22, le 27 novembre; il reviendra le 18, le 19 janvier, le 3, le 5, le 11, le 20 février 1888. Tantôt il apporte des informations, tantôt il suggère des résolutions. Il est décisif, tranchant, péremptoire. Exemple de sa manière : « 11 novembre. Maroc. — Menaces de la France au sultan, qui aurait refusé une indemnité réclamée pour la mort du capitaine Smith. Il (le comte Solms) me parle de la nécessité de la neutralisation du Maroc : ce sujet devrait être l'objet de la conférence de Madrid.» *Altro che* le règlement juridique du statut des protégés ! Berlin jouerait-il le double jeu, car il n'est pas probable que l'ambassadeur s'avance sans être poussé ou sans se savoir soutenu? En effet, et, le 17 novembre, le comte Solms abat la carte maîtresse. « Bismarck est opposé à une conférence européenne sur le seul sujet de la protection des indigènes. La neutralisation du Maroc lui paraîtrait nécessaire... Moret résiste aux exigences de la France. Il a été préparé un projet de partage du Maroc, mais la Reine-Régente (d'Espagne) y est contraire, et même a manifesté son étonnement. »

La Grande-Bretagne travaille à circonscrire le débat, par prudence ou par égoïsme. Le 27 novembre, le comte

Solms apprend à Crispi qu'elle accepte la réunion de la conférence, pourvu qu'on ne s'y occupe que des protégés. La France, ne craint-il pas d'ajouter (mais cette parole est sujette à caution), consentirait à ce qu'elle s'occupât de toutes les questions qui peuvent intéresser le Maroc. M. Moret aurait l'intention de brusquer les choses, en envoyant immédiatement les invitations. Cependant, sous l'influence du Cabinet de Londres, les difficultés en perspective s'écartent. L'année s'achève dans le calme. L'essaim de guêpes marocain est engourdi. Cela n'est pas, dirait-on, au gré de tout le monde. Le 18 janvier 1888, l'ambassadeur d'Allemagne confie au ministre italien : « La question du Maroc est de nouveau soulevée. A Tanger, il y a de l'excitation contre les Français. » Le lendemain 19, il s'explique : « A la suite d'une communication officielle du Gouvernement espagnol, la France est retournée d'une traite à son ancienne demande que la Conférence de Madrid se borne à la question des protections (mais l'avait-elle jamais abandonnée ?). Elle paraît vouloir empêcher la discussion sur la neutralité. Et, remarque Crispi avec satisfaction, comme cette dernière question intéresse moins l'Allemagne que l'Angleterre et l'Italie, le comte Solms désire connaître mon avis sur l'exclusion de ce thème de la neutralité du programme de la conférence. »

Non seulement la France refuse la discussion sur la neutralisation du Maroc, non seulement elle n'admet pas une solution mixte imaginée par l'Angleterre et qui consisterait à ne traiter à Madrid que de la protection des indigènes, tandis que « les représentants des puissances à Tanger devraient se réunir pour s'entendre sur les autres questions »; non seulement le ministre des

Affaires étrangères, Flourens, aurait désavoué l'agent français qui, sur place, aurait, sans instructions, combiné avec l'agent espagnol le programme de la conférence, mais la France a de mauvais desseins. Le comte Rascon, tout effaré, est accouru en faire part à Crispi. « 12 février 1888. Rascon. — Bruits de guerre. Impressions pessimistes à Madrid. La France menacerait de la guerre. Les Espagnols mettraient un corps de troupes devant Perpignan, et un autre devant Bayonne. »

L'affaire devient européenne, et Crispi n'a pas eu à forcer sa nature pour la souffler et la gonfler. « 14 février. — J'apprends (il ne dit pas par qui) que, pour éviter d'être obligé de se jeter dans les bras de la Russie, Flourens a proposé (à lord Lytton, ambassadeur d'Angleterre à Paris), un traité secret entre la France, l'Angleterre et les autres puissances intéressées au maintien du *statu quo* dans la Méditerranée. » On va jusqu'à secouer l'inertie du Grand Turc, dont la France repousse l'intervention aussi fort que le Chérif marocain lui-même, irrité de voir réduire son empire au rang de simple régence barbaresque. D'ailleurs, le 11 février, la flotte anglaise de la Manche était arrivée dans la Méditerranée, ce qui, au jugement de Crispi, avait dû « susciter les soupçons de la France ». Etait-ce bien un tel sentiment, et en France, que cette arrivée avait éveillé? Quoi qu'il en fût, d'où qu'elle vînt, et où qu'elle tendît, la manœuvre était désormais manquée. En avril, on confabulait encore. En juin, un nouveau ministère se formait à Madrid : M. Moret était transféré à l'Intérieur, et le marquis de la Vega de Armijo lui succédait aux Affaires étrangères.

Le fond de l'histoire, le comte Solms, très exactement renseigné, l'avait découvert à Crispi le 3 février :

« Le ministre Moret se trouve embarrassé pour la conférence relative au Maroc. Il a intérêt à ce qu'elle soit tenue, même dans des vues parlementaires. » Mais l'idée en avait été âprement combattue en Espagne même, et peut-être pour les mêmes raisons, aux Cortès, où la politique de M. Moret, en particulier sa conduite en cette affaire, avait été qualifiée sans ménagement, de fantaisiste, légère, dangereuse. M. Davila, M. Celleruelo, Canovas del Castillo en personne, dans un long et dur discours, avaient rivalisé de sévérité (janvier 1888).

Que restait-il de tout ce feu qui n'avait pas été sans fumée? Quand le feu s'éteignit et quand la fumée se dissipa, on put voir les camps formés et les positions prises. D'un côté la France; de l'autre, l'Espagne, l'Allemagne, l'Italie, et, par dessous ou par derrière, un peu distante, mais attentive, la Grande-Bretagne, un pied appuyé ou suspendu sur chaque rive du détroit. (1)

---

(1) Vers le même temps, le Gouvernement italien avait formé le dessein de nouer avec le Maroc des relations commerciales et politiques plus étroites. Il avait décidé le sultan, pris de la fantaisie d'avoir une marine de guerre, à commander en Italie la construction d'un croiseur, le *Bachir*, qui fut en effet mis en chantier, achevé, livré après diverses péripéties, et finit par aller rejoindre, vite revendu, la flotte d'un des États de l'Amérique du Sud.

Voyez, sur cette affaire, Vico Mantegazza, *Il Mediterraneo*.

AU MAROC.
TITRES HISTORIQUES

Par delà les droits, ou plutôt les devoirs que lui avaient créés la conquête et l'organisation de l'Algérie, la France pouvait faire valoir au Maroc un titre ancien, remontant au règne de Henri III; le premier titre pacifique et diplomatique. C'est le 19 juillet 1579 qu'un Français, Guillaume Bérard, qui avait déjà visité le Maroc et l'avait quitté après la bataille d'Alcazarquivir (4 août 1578), y retourna, accrédité comme « consul de la nation françoise ez royaulmes de Fez et de Marrocques, pays, terres et seigneuries qui en dépendent ». Il est vrai que, vers le même temps, et dans la même occasion, l'avènement de Moulay-Ahmed, deux autres ambassades de félicitations furent envoyées au nouveau sultan, l'une par l'Angleterre et l'autre par l'Espagne, celle-ci confiée à don Pedro Venegas de Cordoba, qualifié d'ancien capitaine et gouverneur de Melilla. Les trois missions portaient avec elles des présents, selon l'usage, mais c'était peut-être un tort, les princes musulmans d'alors distinguant mal un cadeau d'un tribut. D'autant plus que Moulay-Ahmed el Mansour reprenait le trône à son frère, le sultan Moulay-Abd-el-Malek, enlevé par un mal étrange au moment où il venait de défaire, à cette bataille d'Alcazarquivir, les troupes du roi dom Sébastien de Portugal.

Lorsque les affaires du Maroc entrèrent dans leur phase contemporaine, les Espagnols n'y possédaient que leurs *presidios*, Ceuta, le Penon de Velez, Alhucemas, Melilla, de l'Ouest à l'Est, sur la côte du Rif, avec les îles Chafarines ou Zafarines. Les flottes réunies de la Castille et de l'Aragon, aux ordres de Gilbert, vicomte de Castelnuovo, amiral de la flotte aragonaise, s'étaient emparées de Ceuta, qui appartenait au roi maure de Grenade. Mais les alliés ne gardèrent pas la place et la remirent à un chef arabe nommé Bou-Rbah', en récompense des services qu'il leur avait rendus. En 1580, Ceuta passa du Portugal à l'Espagne. La possession n'en fut pas tranquille. En juin 1732, « l'aventurier hollandais » Riperda, qui, naguère ministre à Madrid, s'était fait musulman et vendu à Moulay-abd-Allah, empereur du Maroc, assiégeait Ceuta contre les Espagnols, quand un espion qu'il entretenait à Melilla l'informa de l'entreprise du comte de Montemar sur Oran. Il marcha au secours de Bou-Chelâr'em, bey de cette ville; mais, battu, il revint devant Ceuta, où il remporta d'abord quelques avantages, et vainquit les Espagnols dans une sortie. Pourtant, un peu plus tard, Riperda fut surpris la nuit, son camp mis en pleine déroute, et il dut s'enfuir vers Tétouan; « en chemise », ajoute la chronique.

Ceuta était le point le plus rapproché de l'Espagne, sur le détroit même. Il était naturel que ce fût par là qu'elle essayât d'aborder le rivage opposé. Mais, le 23 juin 1508, quelques corsaires de Velez de la Gomera, au beau milieu de la côte rifaine, étant venus ravager les plages de l'Andalousie, l'amiral Pedro Navarro leur donna la chasse, en prit quelques-uns, et s'avança jusqu'en vue de Velez (la ville, sise en terre ferme, aujourd'hui détruite, et appelée couramment Badis). La garnison du Penon, forteresse couronnant un rocher, à faible distance de cette ville, crut que Velez allait être attaquée, et se porta à sa défense. Ce qu'ayant su, Pedro Navarro se dirigea vers le Penon, qu'il trouva abandonné et qu'il prit sans difficulté. Il en améliora les fortifications et y laissa un détachement commandé par un officier du nom de Villalobos. Cette petite garnison s'y maintint plusieurs années, rendant impossible aux corsaires le mouillage de la rade de Velez, et vivant d'ailleurs dans l'abondance, « car ce fort dominait tellement la ville que, pour peu qu'elle tardât à lui envoyer ce qui lui était nécessaire, il la foudroyait de son artillerie ». Les habitants, fatigués d'une telle sujétion, implorèrent plus d'une fois l'aide du roi de Fez, qui ne leur fut jamais refusée, mais qui se bornait, en général, à quelques inoffensifs coups de canon tirés de loin sur le Penon. Cependant, en 1522, la trahison s'en mêla. Villalobos, le gouverneur, « avait, dit un historien, un double défaut : il aimait trop l'argent et les femmes ». Deux espions se glissèrent dans le fort, sous prétexte de fabriquer pour le capitaine de la fausse monnaie; ils étaient envoyés par le h'âkem voisin de Velez de la Gomera. Ils trouvèrent un complice dans un soldat dont Villalobos avait troublé le ménage, et qui ouvrit les portes aux Maures. Ce fut ainsi que les Espagnols perdirent le Penon, qu'ils ne reprirent qu'en 1564. L'année précédente, 1563, D. Sanche de Leyva avait essayé vainement de l'arracher aux Turcs, qui se l'étaient approprié au cours d'une expédition de S'âlah'-Reïs sur Fez; il n'avait réussi qu'à livrer au pillage la ville, en terre ferme, de Velez ou Badis. En 1564 seulement, D. Garcia de Toledo, vice-roi de Sicile, à la tête de forces considérables, reconquit le Penon, qui, depuis, est toujours demeuré espagnol, en dépit de fréquentes tentatives menées par les Maures, telles que celle de 1774, l'une des plus violentes et des plus acharnées.

L'Espagne avait occupé Alhucemas, en 1673, avec le prince de Monte-Sacro. L'occupation de Melilla remonte beaucoup plus haut, à la fin du XV° siècle. C'est en 1481 que la ville arabe de Melilla fut prise par le duc de Medina-Sidonia, à qui le gouvernement espagnol en laissa provisoirement la souveraineté. En 1496 encore, le duc y avait un officier, Pedro Estopinan, qui l'administrait pour son compte. Une petite place voisine, K's'âça ou Cascarès, tomba bientôt au pouvoir des Espagnols. Ferdinand et Isabelle la donnèrent à la famille Ponce de Leon; elle forma, jointe au titre de duc d'Arcos, la compensation que l'on crut devoir accorder à cette famille, en échange du marquisat de Cadix, réuni à la Couronne. Cascarès fit retour aux Maghrebins, par suite d'une félonie, en 1534. Pour Melilla, elle devait être, au long des siècles, disputée ardemment. En 1565, les Arabes de la côte du Rif, conduits par un marabout fanatique, se ruèrent contre elle pour l'ôter de haute lutte aux Espagnols; ils n'aboutirent qu'à se faire mitrailler inutilement sous ses murailles. De même, en 1687, les Maures investirent de nouveau Melilla, conseillés, insinuent divers auteurs, par des ingénieurs français, ce qui ne les empêcha pas d'échouer; D. Francisco Moreno conserva cette forteresse à l'Espagne. Mais cet échec lui-même ne les empêcha point de recommencer, dès 1696. En 1774, année décidément pleine d'agitations, l'empereur du Maroc envoya une armée assiéger Melilla, tandis que les indigènes assaillaient le Penon de Velez. Cette armée était, elle aussi, assistée d'ingénieurs européens, mais, cette fois, ils étaient anglais. Les Maures n'en furent pas moins obligés de lever le siège, quoique Melilla ne dût pas en être plus tranquille dans l'avenir. Des menaces sérieuses se dessinèrent contre elle jusqu'en 1894, où il sembla que toute une expédition devînt nécessaire pour la sauver.

Les Chafarines sont de pauvres îlots, à l'embouchure de la Moulouya, près de la frontière algérienne. Les Espagnols s'y étaient établis, en 1848, dans des conditions assez singulières. Narvaëz avait été averti, par un de ses officiers qui accompagnait les troupes françaises d'Afrique, du projet que nous nourrissions d'occuper cette position. Sans perdre un instant, il fit partir, sous les ordres de Serrano, une escadrille, qui y débarqua quelques heures avant que nous nous présentions. Ainsi, parce qu'il fut averti, nous fûmes prévenus. Cet acte devait avoir des conséquences qui le dépassaient de beaucoup, en nous rendant, à soixante-cinq ans de distance, très difficile de contester effectivement à l'Espagne la possession du cap de l'Eau, sous lequel s'abritent les Chafarines.

Telles étaient, en 1904, les places espagnoles de la côte méditerranéenne du Maroc. On les appelait des *presidios,* des présides, et l'on en avait fait des pénitenciers, des bagnes pour les condamnés. « Ce sont, rapportait, en 1844, un témoin digne de créance, des places parfaitement fortifiées, mais du reste sans importance politique ou commerciale. Elles sont sans relations avec les Arabes, et tellement isolées de l'intérieur, qu'Alhucemas et le Penon, qui n'ont point de source dans leur enceinte, sont obligés de tirer leur eau d'Espagne, lorsque leurs citernes sont à sec. » Ceuta, le principal de ces présides, préside majeur, n'avait guère que 9.000 habitants. Le même témoin insistait : « Tous ces points ne pouvaient être considérés que comme des postes militaires; aucun d'eux ne méritait le titre de colonie. Les établissements agricoles ne consistaient qu'en quelques jardins, cultivés dans l'intérieur, ou, tout au plus, au pied des murs. Quant au commerce, il était à peu près nul. » Encore les possessions étaient-elles si mal assurées, que, le 27 septembre 1872, fut déposé un projet de loi tendant à évacuer le Penon et Alhucemas.

Des ports de la côte atlantique, il n'y aurait que peu de chose à dire, puisque la question est réglée, comme l'est également celle du Rif, si, en touchant la terre marocaine, on ne rencontrait pas Tanger.

AUTOUR DE TANGER

Répétons-le : dans le tour que nous faisons de la Méditerranée, il n'y aurait évidemment pas lieu de s'arrêter aux ports de la côte atlantique, puisque, comme l'enseigne la géographie de M. de La Palice, ils ne sont pas méditerranéens, s'il n'y avait pas Tanger qui, pour n'être pas sur la Méditerranée, lui non plus, n'en est pas moins l'une des clefs de cette mer, et si la question de Tanger n'impliquait pas toute la question marocaine. Il ne saurait d'ailleurs qu'être utile, si l'occasion s'en offre, de préciser un peu les droits que l'Espagne pouvait invoquer et les titres qu'elle pouvait faire valoir dans les différentes parties de l'empire chérifien, encore que l'Histoire ait marché, et que, de par les textes comme par les faits, la cause soit jugée, le litige clos, les parchemins les plus authentiques et les plus vénérables, devenus de pure archéologie.

Ces droits historiques étaient de deux sortes : ceux que l'Espagne pouvait revendiquer directement de son propre chef, et ceux qu'elle pouvait revendiquer, en qualité d'héritière du Portugal, par suite de la réunion des deux couronnes, de 1580 à 1640. Leur réunion, en effet, rendit Philippe II d'Espagne maître des places que le royaume voisin possédait dans l'Afrique du Nord, Ceuta, Tanger, Arzila, Mazagan. Depuis lors, nous l'avons dit, Ceuta est toujours restée à l'Espagne ; Arzila fut évacuée pendant que les couronnes étaient réunies (donc, entre 1580 et 1640), et, quand elles furent de nouveau séparées, Tanger et Mazagan revinrent au Portugal. Un demi-siècle après, l'Espagne ayant, en 1708, perdu aussi Oran, n'avait plus sur le rivage méditerranéen que Ceuta, le Penon de Velez et Melilla. Mais, en 1774, pour venger les insultes des Maures contre ces deux derniers présides, elle mit le blocus devant les ports marocains, et le sultan, contraint à demander la paix, dut lui consentir certains avantages, tous, au surplus, commerciaux. Le traité d'Aranjuez (30 mai 1780), négocié par le roi Charles III et son ministre, Florida Blanca, ouvrait aux marchands espagnols les villes et ports de Tétouan (débouché sur la Méditerranée), de Tanger, de Larache, de Salé, de Mogador, sur l'Atlantique. Une déclaration du 20 octobre 1789 alla plus loin, en ce qui concerne Casablanca (Dar-el-Beïda), réservée au commerce exclusif de l'Espagne, et qui partagea avec Mogador le privilège de la libre exportation des provisions de bouche par navires des Canaries. Ces privilèges furent, dix ans plus tard, par le traité du 1ᵉʳ mars 1799, à la fois étendus et particularisés; quant à Casablanca, privilège d'exporter des grains pour la Compagnie des Cinq grands corps des marchands de Madrid; quant à Mazagan, privilège d'exportation pour la maison de commerce de San Benito de Cadix; confirmés, quant à Mogador, accordés quant à Tétouan.

En dehors des avantages commerciaux concédés par traité à Tanger, Larache, Salé, Mogador, Casablanca, l'Espagne n'avait eu, sur l'Atlantique, dans le nord-ouest du Maroc, de situation particulière, d'établissement ancien qu'à Larache, et elle avait failli le devoir à un Français. Nous savons, par une lettre de Juan de Vargas Mexia, ambassadeur d'Espagne à Paris, au roi Philippe II, en date du 10 octobre 1578, que Guy de Saint-Gelais, seigneur de Lansac, « homme de mer entreprenant », poussé ou encouragé par l'aventurier Cabrette (Cabreta ou Capreta), avait, à trois reprises, en 1576 et en 1578, proposé de s'emparer d'El' Araich, — dont les Espagnols firent Larache, — pour le compte de ce monarque. La première ouverture avait été repoussée; les deux autres, celles de 1578, furent accueillies assez favorablement pour que Lansac envoyât reconnaître la place. Dans l'intervalle, elle avait été mise à l'abri d'un coup de main; toutefois, comme elle avait pour gouverneur un renégat originaire de Blaye, si l'on ne pouvait plus la prendre, peut-être réussirait-on à l'acheter. Philippe II dédaigna de donner suite à ces pourparlers, que nous retenons seulement pour faire remarquer que la France avait alors, dans ces parages, beaucoup « d'enfants perdus », puisque, dans le même temps que ce renégat de Blaye était gouverneur de Larache, un autre renégat de Dieppe commandait les forces ou les positions d'alentour. Mais, en 1610, sous le règne de Philippe III, comme Moulay-Cheikh et Moulay-Sidân, fils de l'empereur du Maroc, se disputaient la succession de leur père, qui venait de mourir, le premier de ces deux princes obtint quelque secours de l'Espagne, et, pour gage de son alliance, lui fit remise de Larache, dont Pedro de Leyva alla prendre possession. Rendue ou abandonnée dans la suite, utilisée simplement comme marché, après 1780, Larache ne reparaît dans les rapports hispano-marocains que bloquée et bombardée par les Espagnols, au moment de l'expédition d'O'Donnell, en 1859. Faut-il, pour être complet, mentionner Mamora, à l'embouchure et sur la rive gauche du Sebou, occupée en 1614, perdue en 1677?

Anfa ou Anafe, prise en 1468 par dom Ferdinand de Portugal, puis évacuée et détruite, ne fait qu'un avec Casablanca, bâtie sur le même emplacement. En tout cas, laissons de côté, malgré le pittoresque que leurs vicissitudes jetteraient dans cette nomenclature sévère, Ifni, Santa Cruz de Mar-Pequena, le Rio de Oro, l'immense et inhospitalier rivage du Sud-Ouest. Ce n'est déjà plus le Maroc, et il n'y a plus le moindre lien avec la Méditerranée.

Comment ne l'avouerais-je pas ? En rouvrant ces jours-ci mes dossiers de 1911, j'ai été frappé d'y trouver si peu de chose sur Tanger. Ce n'est pas, ou du moins ce n'est pas uniquement parce qu'alors la situation pouvait passer pour réglée par l'Acte d'Algésiras. A ce moment, j'ai dépouillé, ou fait dépouiller les publications espagnoles les plus réputées, entre autres, le *Bulletin de la Société Géographique de Madrid, Revue de Géographie coloniale et commerciale,* organe officiel du ministère d'Etat (Affaires étrangères). J'ai recherché ou fait rechercher tout ce qu'avaient dit ou écrit, sur les divers aspects du problème marocain, les plus intransigeants de ceux qu'on appelait par excellence les *Africanistas,* un Francisco Coello, un Ramon, un Chelli, un Gimenez, un Bonelli, un Quiroga, un Rafaël M. de Labra. Ou mes notes avaient été prises avec une négligence que je ne me pardonnerais pas, ou, dans le quart de siècle qui va de 1877 à 1911, Tanger n'a pas impérieusement attiré l'attention des Espagnols, et même paraît avoir tenu dans leurs soucis une assez petite place, plus petite, si l'on en juge par le nombre des études qui lui ont été consacrées, que la lointaine et non identifiée Santa-Cruz de Mar-Pequena. J'en ai relevé une en 1897, deux en 1900, deux en 1909, une en 1910, une en 1911, la plupart relatives à des projets de fondation de banques ou de construction de chemins de fer. A coup sûr, nulle passion.

Aussi n'est-ce pas sans surprise que j'ai lu récemment des communiqués de ce genre : « Il est inexact que le peuple espagnol ne se préoccupe pas de la question de Tanger... Le problème de Tanger est pour l'Espagne un véritable problème national ». Si j'évoque mes souvenirs, il ne m'est pas impossible de me remémorer un temps où c'était de Gibraltar que, dans quelques cercles, on parlait encore en ces termes, rêvant de rendre la forteresse britannique inhabitable par la soif, en lui coupant ses conduites d'eau. Mais à personne Tanger n'apparaissait comme un Gibraltar de par-delà le détroit.

Ce n'était pas du régime de Tanger que l'on tirait prétexte pour s'efforcer de faire de la question marocaine une question internationale. On ne disait pas, à ce propos : « Le peuple espagnol sait que le chaos que représente l'actuel Etat tangérois, *et qu'un journal italien compare au chaos chinois*, ne peut pas durer et que, si l'on applique à Tanger un régime spécial, il faut que ce soit sincèrement et honnêtement, *sans exclusion d'aucun pays intéressé au problème.* »

Rappelons-nous ce qui fut tenté en 1887 pour revenir sur la convention de Madrid au sujet de la protection des indigènes, par qui, auprès de qui, de quelle manière ce fut tenté, et regardons bien. Ces lignes nous placent peut-être entre les doigts le bout du fil qui nous mènera à l'explication. Suivons-le, sans plus le lâcher, en continuant notre route tout le long de la mer, par-dessus l'Algérie française. Allons voir si l'autre bout ne serait pas en Tunisie.

LA TUNISIE, L'ITALIE ET LA FRANCE

Amor mi muove, che mi fa parlare.

J'ai déjà eu l'occasion de le dire ici : les amitiés meurent des dissimulations et des réticences; elles ne se sauvent que par la vérité. Il faudrait de rudes coups pour tuer celle qu'un nombre, heureusement très grand, de Français ont vouée à l'Italie et où la sympathie naturelle engendrée par le lointain mélange des sangs se nourrit et s'accroît d'admiration et de reconnaissance. Mais il y a de l'obscurité dans l'air; il importe de l'éclaircir, et le moment est venu de s'expliquer en toute franchise. Vraiment, oui, c'est l'amour qui m'émeut et qui me fait parler.

On me dispensera de répéter une profession de foi inutile. Je tiens pourtant à rappeler encore que, depuis près d'un demi-siècle, j'ai vécu par l'esprit avec les grands Italiens, presque autant qu'avec les plus représentatifs des hommes de ma nation et de ma langue. Il ne s'est pour ainsi dire point passé un jour, en tout cas, pas une semaine, où je ne me sois « repu de cette nourriture », que je me suis efforcé de « faire mienne », et qui l'est devenue au point qu'il me serait maintenant impossible de la désincorporer de ma substance. Pratiquement, pour préparer l'action politique, j'ai, dès 1915, au cours de mes deux missions à Rome, préconisé d'abord « l'alliance de la culture latine », et j'ai aidé à l'ébaucher, en provoquant un échange de professeurs entre Universités françaises et Universités italiennes, comme en hâtant la formation de ce comité d'experts chargé de poursuivre l'unification des législations civiles et commerciales, qui a tenu récemment à Paris une réunion où des hommes éminents de l'un et de l'autre pays ont pu travailler dans un sentiment commun à une œuvre dont la portée dépasse de beaucoup son utilité immédiate. Que de concours n'ai-je pas rencontrés, et quelle gratitude n'est-elle pas due, par exemple, à l'illustre Luigi Luzzatti, que nous venons de perdre, à l'ardent Maffeo Pantaleoni, disparu le premier, au fidèle, au persévérant Maggiorino Ferraris et à sa *Nuova Antologia*, au subtil Vittorio Scialoja, au savant et profond Vito Volterra, et à tant d'autres avec eux !

Voilà donc le message que, il y a douze ans, en pleine adhésion du cœur à l'intelligence, je suis allé porter en Italie. Mais il fallait voir et viser plus loin que la seule « alliance de la culture », par elle-même vague et peu remplie de contenu positif prochain. Dans mon discours d'adieu à la vie parlementaire, prononcé à la Chambre des députés le 26 août 1919, commentant mon rapport sur les parties II et III du Traité de Versailles (*Frontières d'Allemagne. — Clauses politiques européennes*), je m'exprimais en ces termes :

« Je veux bien saluer l'avènement de la Société des Nations. Mais, si cette guerre a été la guerre des Nations, les races ont à présent leur tour, et cette paix est la leur. Il en ressort, par la conciliation d'un dissentiment, par l'abandon d'un ressentiment séculaire, une politique anglo-saxonne.

» On ne doit certes pas accepter comme une vérité

révélée et intangible la théorie des races. Néanmoins, elle contient du vrai. A côté de cent cinquante millions d'Anglo-Saxons, on compte cent cinquante millions de Slaves, une centaine de millions de Germains, une centaine de millions de Latins. Ce sont les quatre chevaux à tirer le monde. Il faut atteler ensemble ceux qui ne se battent point et qui peuvent marcher du même pas pour le faire avancer, ou simplement pour l'empêcher de rétrograder.

» Comme la Société des Nations, nous saluons l'alliance franco-anglaise et l'alliance franco-américaine. Mais l'union anglo-saxonne appelle tout de suite un premier complément : l'entente latine. Il y a eu dans la guerre quatre grandes puissances d'Occident alliées et associées; il faut que ces quatre grandes puissances se retrouvent, dans la paix, alliées pour la paix. Afin qu'elles puissent l'être, ainsi qu'elles doivent l'être, du fond du cœur, veillons sur nos actes, sur nos gestes et sur nos paroles. Les peuples, comme leurs chefs, ont leurs susceptibilités, et elles se multiplient les unes par les autres. On ne sait jamais ce qu'un mot qui blesse peut tuer. »

De ces traits meurtriers, avouons-le, quelques-uns étaient partis de notre côté. Mais qu'on avoue aussi que, depuis lors, ils nous ont été retournés avec usure. Ou plutôt tenons-les pour égarés, et n'y pensons plus. Ne nous mêlons pas des affaires intérieures du voisin, et laissons-le se donner le gouvernement qui lui plaît. Même s'il nous semble que nous nous en accommoderions mal, s'en arranger, le souffrir ou l'aimer le regarde, et non pas nous. Nous pouvons d'autant mieux nous désintéresser, ou du moins ne pas nous occuper de l'action intérieure du fascisme, que c'est un phénomène proprement, spécifiquement italien, qui ne pouvait se produire, se développer et durer qu'en Italie pour diverses raisons d'ordre politique, psychologique et historique dont la combinaison ne saurait se faire que là, et, ces mêmes causes manquant, irreproductible ailleurs, en premier lieu, chez nous. Mais il en va tout au contraire de ses réactions possibles à l'extérieur, par quoi le fascisme, phénomène éminemment national, est susceptible de porter des conséquences internationales. A cet égard, on ignore ce que ses flancs recèlent.

« Comme mouvement patriotique, il a ses origines dans le passé, et l'Italie s'y est ralliée avec enthousiasme, pour y avoir reconnu la voix des Machiavel, des Alfieri, des Gioberti, de tous ceux qui ont exalté le *Primato degli Italiani*, et y avoir retrouvé l'accent romain. Tout ce qu'on en peut dire, pour le moment, c'est que, quels que doivent être, à l'intérieur, les résultats, dont plusieurs s'annoncent heureux, de cette révolution contre la révolution, à l'extérieur, elle n'est pas faite pour inspirer une sécurité sans précautions, et que l'équation entre le fascisme et le nationalisme extrême renferme une inconnue qu'il nous importe, à nous particulièrement, de dégager, si, après les dernières annexions ou libérations, mis en appétit plus que satisfait, irrité, plus que découragé, par l'obstacle, l'irrédentisme se rejette de l'Adriatique dans la Méditerranée, et s'il a désormais, presque nécessairement, sa pointe tournée contre la France.

Ces bouillonnements ne sont peut-être que les accès d'une fièvre de croissance, mais les croissances fiévreuses sont à surveiller, surtout lorsque le sujet est nerveux, ombrageux, chatouilleux à l'extrême, plus sensible à un coup d'épingle qu'à un coup d'épée, enclin à voir des railleries, des injustices, des provocations, des humiliations partout. Ménageons-lui même nos caresses. Ne l'agaçons pas de nos attendrissements verbaux sur les « nations sœurs », puisque aussitôt il pense que, de deux sœurs, il y en a une plus grande et une plus petite; et, puisqu'un bienfait reproché tint toujours lieu d'offense, ne lui remémorons pas, comme une gloire fraternelle, Magenta et Solférino : s'il réclame pour lui seul Vittorio-Veneto, ne lui en marchandons pas la joie orgueilleuse. Il n'est inférieur à personne, ne se sent l'obligé de personne; il est majeur, libre et souverain; il a le droit d'être, par tous, traité en égal.

Mais, pour ne pas avoir à lui parler fort, parlons-lui ferme tout de suite, et, pour n'être point contraints de l'arrêter au quatrième pas, ne le laissons pas faire le premier. Dit sur le ton qui convient, dans le temps qui convient, un mot, ou même un demi-mot, suffit avec lui : il est si intelligent, si prudent et, au fond, si froid sous sa lave ! (¹) C'est le plus politique des peuples; je suis tenté de dire : c'est le seul politique de tous les peuples. Quand la politique ne serait plus pour lui un besoin, une condition de sa vie, elle lui serait toujours un art et un jeu. Tâchons de ne pas faire, en face de lui, figure de dupe.

Les lignes qui précèdent n'ont pas été écrites en vue d'une apologie que je n'ai pas à présenter, encore moins de l'étalage d'un moi haïssable. Je voudrais qu'on y vît plutôt comme une déclaration de sens et d'intention, une sorte d'introduction aux faits et aux textes que je vais à présent rassembler et qui se groupent d'eux-mêmes

---

(¹) Voyez : *Les Lois de la Politique française*, livre premier, chapitre XV, p. 121-123.

autour de ces quelques points principaux : l'irrédentisme, le fascisme, le surpeuplement du territoire italien et le courant d'émigration qui en dérive, l'attraction de l'Afrique toute proche, le regret de ce qui y fut fait jadis et de ce qui y fut plus récemment manqué; puis, cet autre fait, dominant, dirimant, intangible, le protectorat de la France sur Tunis, porte orientale de notre empire méditerranéen, ouverte à la fois et fermée, devant ou derrière laquelle il faut laisser certaine espérance.

LA FRANCE EN TUNISIE

Le souci d'une bonne composition voudrait peut-être
que l'on commençât par rappeler (si le fait n'était
connu de tous) comment un jour, pendant la Conférence
de Berlin, le tentateur Bismarck, ayant conduit M. Waddington sur la montagne, lui montra de loin la Tunisie
étendue brillante sous le soleil, et lui dit : « Pourquoi
ne la prendriez-vous pas ? » Comment aussi ces deux
archanges britanniques, lord Beaconsfield et lord Salisbury, inclinèrent au moins la tête en signe d'assentiment.
L'occasion se présentera dans la suite d'y revenir et de
préciser. Mais, réflexion faite, il vaut mieux tout
d'abord éclairer le sujet par une courte préface historique qui établira que, quand cette voie nous fut ouverte,
quel que fût leur dessein secret, par la main des puissants d'alors, la Tunisie n'était pas pour nous une terre
inconnue, et que, de toutes les nations européennes,
même avant la conquête de l'Algérie, et depuis longtemps déjà, la France y était la moins étrangère.

.˙.

Elle y parut pour la première fois, dans le monde
sorti de l'empire romain, sous le signe de la croix et de
l'épée. Saint Louis y porta sa bannière à Tunis, y
planta sa tente, et scella cet acte de sa mort. Deux
siècles plus tard, des relations de bon voisinage s'étaient
nouées. Dès 1478, le privilège de la pêche et la cession
d'un territoire de dix lieues de côtes nous avaient été
accordés, moyennant redevances, entre Tabarca et Bou-

gie ; relations qui étaient allées en s'affermissant et se vivifiant. Une centaine d'années encore après, en 1561, des Marseillais y avaient fondé des établissements d'un caractère si marqué que l'ensemble en fut baptisé le *Bastion de France*. Ils en eurent aussi de fort connus à La Calle ; une Compagnie du Cap Nègre et une Compagnie d'Afrique furent instituées, qui, dans la suite, en 1693, se réunirent sous le nom de la seconde, plus général. La nouvelle Société se proposait surtout le commerce des blés achetés dans les trois régences barbaresques, Alger, Tunis, Tripoli, et dans le midi de l'Italie.

Mais la politique française n'a jamais été spécifiquement mercantile. Le commerce n'est ni le seul objet de son action, ni son seul moyen de pénétration. Pour faire une civilisation, elle prend de la matière et elle met de l'idéal autour. En 1685, un traité passé entre la France et la Régence de Tunis stipula que « de quelque nationalité qu'ils puissent être », les ordres religieux, les monastères de tout ordre et de tout rite « *seront désormais traités et tenus comme propres sujets de l'empereur de France* ». (On sait que, dans leurs rapports avec les Etats orientaux, les rois de France se donnaient le titre d'empereur, afin d'éviter toute apparence d'infériorité quant aux sultans de Constantinople).

Au XVIII° siècle, des escadres françaises croisent presque en permanence sur les rivages des Régences et au-delà, « pour servir les intérêts des sujets de Sa Majesté Très Chrétienne » ; elles apparaissent fréquemment devant Tanger, Alger, Tunis et Bomba. Cette sollicitude produit les résultats les plus heureux, elle nous vaut un accroissement de prestige, qui, jusque dans les formes, nous assure un rang prééminent. « Aux audiences des princes, le consul de France, vêtu de l'uniforme en drap bleu de roi, aux boutons timbrés de fleurs de lys, en culotte écarlate, l'épée de nacre au côté, prend la tête du corps consulaire et s'assoit à la place d'honneur. Nul autre n'a le privilège de la voiture à quatre roues. Depuis 1770, il dispose, à La Marsa, d'une maison de campagne du Bey. Le pavillon a droit à vingt et un coups de canon; le Consul, personnellement, à neuf coups. Il est dispensé du baisemain ». En retour, « le commandant de la division des forces navales de S. M. en station dans les mers du Levant » recevait de Louis XVI l'ordre, « s'il rencontre des vaisseaux appartenant au Grand Seigneur ou aux Régences de Barbarie, d'en user avec les égards et la politesse d'usage entre les nations amies ».

Dans le même temps, les hostilités continuaient entre les Régences et les Etats italiens. Les corsaires barbaresques ne se faisaient pas faute d'attaquer les flottes sorties de Gênes, de Livourne et de Naples, ni d'enlever les galères du Pape. De 1784 à 1786, les Vénitiens entreprirent bien, sous l'amiral Angelo Emo, une expédition contre Tunis. Mais, toute digne d'éloges qu'elle ait pu être, ils en tirèrent peu d'avantages, puisque, pour faire respecter du Bey leurs couleurs et leurs sujets, ils durent renouveler l'engagement de lui payer tribut.

Ainsi, à la fin de l'Ancien Régime, la France avait en Tunisie une position excellente, on peut dire exceptionnelle. Les gouvernements révolutionnaires se gardèrent bien de s'en désintéresser. Là, du moins, il n'y eut pas discontinuité, mais succession acceptée et dessein suivi. En 1789, Sidi Mustapha, beau-frère et premier ministre du bey Hamouda pacha, témoignait envers nous d'un « dévouement infatigable ». Cette situation privilégiée nous était d'ailleurs à peine disputée par les nations mêmes, dont la concurrence se montrait, en d'autres pays, si jalouse. Notre commerce se développait à mesure que s'accroissait notre suprématie politique. Il allait, en 1792, atteindre au total, exportations et importations additionnées, près de 14 millions de francs. Ce n'était pas que notre consul disposât de crédits qui lui permissent les largesses. Par nécessité, d'abord, ou par impossibilité, par impécuniosité ; ensuite par tradition, par habitude; enfin, peut-être un peu par principe. Dans ces moments difficiles, son sort personnel n'était guère enviable : son traitement, de réduction en diminution, était tombé de 12.000 francs à 2.000.

Mais, même auparavant, et dès 1770, on le voit arriver les mains à peu près vides, de sorte que, bon gré, mal gré, il doit s'abstenir de toutes « donatives'» qui auraient l'air d'établir un usage ou de le consacrer. Que si quelque personnage plus avide ou plus impudent s'avise de réclamer, il répondra que « les consuls de France sont, à cet égard, distingués de ceux des autres nations ».

Quelles sont ces autres nations ? Quelles rivalités rencontrons-nous, qui avons-nous alors en face de nous à Tunis ? L'Angleterre, premièrement, qui, de son côté, persévérante dans ses méthodes, « verse l'or à pleines mains, non pas tant pour ses intérêts que dans la vue de nuire aux nôtres ». Aussitôt qu'il entre dans la Méditerranée, allant opérer contre la Corse et contre Toulon, l'amiral anglais lord Hood détache, de Gibraltar, deux de ses frégates pour mettre, par persuasion spéciale, le Bey dans le jeu et à la discrétion de la

Grande-Bretagne. Sur place, la diplomatie britannique travaille avec la marine. Le consul anglais, Perkins Magra, juge les circonstances d'autant plus favorables qu'il a pris à sa solde le favori du Bey, le Sahib-Tapa Youssouf, qui a sauvé ce prince du poignard de trois assassins, et qui en escompte cyniquement la reconnaissance. Il paraissait aisé d'inspirer, par son entremise, à Hamouda pacha, une horreur de la France si profonde qu'il ne pourrait manquer d'accorder à l'Angleterre tout ce que l'amiral désirerait. Lord Hood ne demandait qu'à se laisser convaincre... Bientôt, il ne douta plus de « ramener le Bey à sa bonne humeur habituelle envers ses vieux et fidèles alliés ». Son lieutenant, le commodore Linzee, avançant un autre argument, s'ingénie à brouiller le Bey avec « les régicides français ». Ne l'autoriserait-on pas à saisir nos navires dans les eaux tunisiennes, comme, à l'en croire, d'a·   ·s traités lui en donnaient le droit ? Mais, à leur grande déception à tous et à la grande colère de Nelson, qui s'indigne qu'on ait fait tant de façons, le Bey, en dépit du consul et de son Youssouf, écarte les sollicitations anglaises. Un instant menacée sous ce double assaut, notre position n'est pas, finalement, entamée.

Deuxièmement, il y a l'Espagne, qui, à l'imitation des Anglais, pour gagner ou circonvenir Hamouda pacha, « n'épargne ni dépenses, ni soins » ; mais, en opposition ouverte avec la Grande-Bretagne, le commandant en chef de l'escadre espagnole dans la Méditerranée, don Juan de Langara, ne dissimule pas sa rancœur de voir l'Angleterre s'installer sur cette mer en dominatrice. Il y a même, troisièmement, les Etats-Unis. Envers eux, nous nous trouvons en posture assez délicate. Comme ils n'avaient pas de conventions avec les puissances barbaresques, portées à les regarder en intrus, c'est-à-dire en ennemis, ils avaient obtenu de la France, par l'article 8 du traité du 6 février 1778, qu'elle leur prêterait ses bons offices. Quoique la Convention n'y mît pas beaucoup de chaleur, et même que le comité de Salut Public s'employât plutôt à refroidir le zèle de ses agents, de crainte d'introduire dans la Méditerranée un nouveau compétiteur, inattendu en ces parages, les Etats-Unis reçurent du Bey, à l'aide d'un honnête courtier de son entourage, les facilités qu'ils souhaitaient de lui.

Quant à l'Italie, elle est, en tant que telle, naturellement absente, puisque, à cette époque, elle est, en tant que nation, inexistante, et qu'il s'en faut alors de plus d'un demi-siècle qu'elle ait réalisé son unité. Il y a à Tunis, en assez grand nombre, des Gênois, des Sardes, des Vénitiens, etc., mais pas d'Italiens èsqualité, et pour cause. Depuis des générations, le principal commerce entre la Péninsule et la Régence avait consisté en expéditions et déprédations de corsaires, les rivages italiens servant bien plus de champ de pillage aux Barbaresques que la terre carthaginoise de champ de culture aux Italiotes. En 1797, quand les petits Etats de la Péninsule furent, par nos annexions ou notre protectorat, rangés sous la domination française, ils se trouvèrent ainsi soustraits aux prises des pirates. Les Régences ne s'y résignèrent pas sans montrer quelque mécontentement, mais nous ne pouvions souffrir qu'une résistance affichée de leur part portât atteinte à notre prestige dans les îles et dans toute l'Italie. Elles durent donc, celle de Tunis en particulier, reconnaître les drapeaux des Républiques ligurienne, étrurienne et parthénopéenne. Les litiges fréquents et parfois aigus qui s'élevèrent furent apaisés, conciliés, réglés par nos soins.

Hamouda consentit même à tous nos ressortissants, Français ou Italiens, un abaissement des droits de douane qui, de 5 %, descendirent en leur faveur à 3 %.

Notre influence, notre prestige sortaient intacts de la Révolution. L'expédition d'Egypte faillit en compromettre les profits, le Bey ayant été, à son corps défendant, contraint par le Sultan, à se déclarer contre nous. Mais l'orage passa, et la paix du 26 mars 1802, confirmant le traité de 1742, y ajoutait une clause précédemment omise, en ces termes mémorables et définitifs :

« Article 2. — La nation française sera maintenue dans la jouissance des privilèges et exemptions dont elle bénéficiait avant la guerre, et, comme étant la plus distinguée et la plus utile des autres nations établies à Tunis, elle sera aussi la plus favorisée ».

On voit que, lorsqu'en 1881, la France se décida à se fixer plus solidement en Tunisie, elle n'y entra pas par la petite porte, en *occupant sans titre*.

.•.

J'ai emprunté les éléments de ce résumé, à la fois trop long et trop bref, à peu près tout et le plus souvent jusque dans l'expression même, à l'excellent ouvrage de M. Georges Grosjean : *La Maîtrise de la Méditerranée et la Tunisie pendant la Révolution française (1789-1802)*, qui, publié en 1914, vaut d'être repris en des jours plus calmes. Pour la période contemporaine, je m'attacherai scrupuleusement à ne puiser qu'à des sources italiennes.

TUNIS ET LE CONGRÈS DE BERLIN

(1878)

Pour répondre au besoin de vérité que nous avons reconnu, voyons clairement et disons franchement comment se pose, à Tunis, entre l'Italie et la France, la question méditerranéenne. D'abord, comment elle s'est posée. Mes sources, toutes italiennes, comme je l'ai annoncé, seront surtout : 1° *Pagine di storia contemporanea* de 1858 à 1892, par Luigi Chiala, député au Parlement. Fascicule deuxième, *Tunis* ; 2° Mémoires de Francesco Crispi, souvenirs recueillis et documents mis en ordre par son neveu T. Palamenghi : *Politica estera* et *Questioni internazionali*. Accessoirement, quelque note tirée de l'*Italia moderna*, de Pietro Orsi, dans la collection historique populaire publiée sous le patronage du nom illustre de Villari.

.•.

« Tunis (l'affaire de Tunis), — c'est désormais connu et archi-connu, — est l'œuvre, principalement, de Bismarck ». Ainsi s'exprime Chiala, et il prend à témoin le fameux correspondant du *Times*, Blowitz, lequel aurait entendu de la bouche du prince le discours suivant : « Quand je vis, pour la première fois, lord Beaconsfield à Berlin, je lui dis : « *Vous devriez vous entendre avec la Russie, au lieu de la contrarier. Vous devriez lui laisser pleine liberté d'occuper Constanti-*

nople, tandis que vous prendriez l'Egypte, qui serait une compensation à la concession que vous lui feriez. La France n'en serait pas aussi mécontente qu'on le croit ; en tout cas, la Tunisie ou la Syrie pourrait être un équivalent pour elle ». C'est dans ce langage qu'il faudrait trouver l'origine des incidents qui se sont succédé en 1879-1880 et de l'événement qui s'est accompli en 1881.

Telle qu'elle se présentait, n'importe par qui elle était introduite et n'importe entre qui elle allait se débattre, la question soulevée était bien la question méditerranéenne dans son ensemble ; d'où vient que l'on s'inquiète tant de concessions et de compensations, d'équilibre et d'équivalents. Avant même l'ouverture du congrès, dans les premiers jours de mars 1878, lord Derby, d'après les carnets de Crispi, aurait offert au gouvernement italien un échange de vues sur des intérêts communs à l'Angleterre et à l'Italie dans la Méditerranée. De l'examen des textes, il paraît ressortir que ce n'est pas tout à fait exact. Ce serait plutôt l'ambassadeur d'Italie à Londres, le général Menabrea, qui aurait amorcé la conversation, quant à l'Egypte, Tripoli et Tunis. Lord Derby aurait simplement constaté l'évidence du fait que l'Angleterre et l'Italie avaient, en effet, « des intérêts communs dans la Méditerranée » et ajouté qu'il désirait « un échange de vues », tout en le réservant pour une nouvelle audience. Mais l'initiative serait partie de Rome ; la preuve en est dans ce télégramme de Menabrea lui-même, expédié le 9 mars, à son ministre : « Conformément au télégramme de Votre Excellence, en date d'hier, j'ai commencé à entretenir... »

Par malheur pour la combinaison, ce même jour 9 mars, le ministre, Depretis, était démissionnaire. Benedetto Cairoli lui succédait le 24, avec le comte Corti aux Affaires étrangères et, le 26, ce dernier n'hésitait pas (c'est Crispi qui parle) « à repousser la main offerte par l'Angleterre, dans une lettre incroyable, où l'on ne comprend pas pourquoi il limitait aux Détroits et à la Mer Noire le champ des accords proposés aussi pour la Méditerranée ». Si bien que lord Derby, « plein de mépris pour l'inconsistance politique des neveux de Machiavel » (c'est toujours du Crispi ou du Palamenghi), se serait retourné vers l'Autriche et que, « quinze jours après la réunion de la conférence de Berlin, dans la séance du 28, un des plénipotentiaires anglais, lord Salisbury, suggéra l'ocupation militaire et l'administration, par l'Autriche-Hongrie, de la Bosnie-Herzégovine ». Ce n'est pas tout. Par des « arrangements de coulisse », la France se vit accorder la faculté d'occuper la Tunisie quand elle voudrait ou si elle voulait (*quando avesse voluto*).

On ne peut pourtant pas dire que l'attention publique, en Italie, n'ait pas été éveillée ou se fût rendormie. Deux mois encore avant la conférence, le 9 avril, le marquis Visconti-Venosta avertissait le gouvernement : « Il est pour nous d'un suprême intérêt que l'équilibre des forces dans la Méditerranée ne soit pas altéré de façon à nous fermer toute légitime expansion de nos influences morales et commerciales en Orient, et que les conditions politiques de la Méditerranée ne soient pas modifiées de manière à nous inspirer de légitimes préoccupations pour la finance et pour la liberté de notre politique dans toutes les éventualités de l'avenir ».

⁂

Le congrès s'ouvrit le 13 juin. Le 4, la Grande-Bretagne avait signé, avec la Turquie, un traité secret pour l'occupation de Chypre. « Par deux fois, remarque à ce sujet Luigi Chiala, l'Angleterre avait invoqué l'aide de l'Italie pour la défense des intérêts communs en Orient ; par deux fois, l'Italie avait répondu qu'elle garderait la neutralité. En conséquence, l'Angleterre pourvoyait elle-même à ses intérêts propres ». Cette convention turco-britannique fut connue à Berlin, le 8 juillet. Elle agita singulièrement le comte Corti, premier plénipotentiaire italien à la conférence, déjà soucieux de l'occupation de la Bosnie-Herzégovine par l'Autriche-Hongrie sans la moindre compensation pour son pays. Il confia son trouble au comte Bülow, second plénipotentiaire prussien, qui, en forme d'apaisement, lui aurait dit sans sourciller, à lui aussi : « *Pourquoi ne prendriez-vous pas Tunis, en vous entendant avec l'Angleterre ?* » Corti se serait contenté de répliquer : « *Vous voulez donc nous brouiller avec la France ?* »

Le fait a été contesté dans la suite par Jules Ferry et par Francis Charmes, directeur des affaires politiques au Quai d'Orsay, mais avoué par sir Charles Dilke, affirmé par le comte Corti à Mme Edmond Adam, admis par Gambetta, corroboré par d'autres témoignages et, d'ailleurs, établi, d'après l'ancien ministre Baccarini, par « des documents irréfragables ».

Si, comme il est possible et plausible, il faut le tenir pour vrai, que prouve-t-il ? Simplement, ce qui n'étonnera personne, que le jeu de la chancellerie allemande, pour être plus sûr, aurait été double. Nous avons là-dessus une indiscrétion de Maurice Busch. Entre la satisfaction à donner à la France, en dehors du continent européen, et le fonds à faire sur un facteur « qui ne savait être ni ami, ni ennemi », Bismarck, après avoir hésité un moment, se serait décidé pour la France et aurait mis en avant le nom de Tunis, en ajoutant que l'Allemagne verrait avec plaisir que la France tournât ses visées dans cette direction ».

Lord Beaconsfield et lord Salisbury firent, à Waddington, en ce qui concernait l'Angleterre, des déclarations identiques. Lord Salisbury conseillait seulement à la France, si elle voulait, un jour ou l'autre, occuper la Régence, de « tenir compte des intérêts de l'Italie, qui pouvait aspirer à une compensation ».

Des compensations, c'était le mot du jour; on le prononçait d'autant plus facilement, que chacun les offrait aux dépens d'autrui. Le congrès n'était pas clos que, dans Berlin, le bruit se répandait de l'occupation prochaine, par l'Italie, d'une île de l'Archipel, en compensation de Chypre. A Rome, on songeait, d'autre part, à l'Albanie ou au Trentin, en compensation de la Bosnie-Herzégovine. Et quoi, le cas échéant, en compensation de Tunis? Les plénipotentiaires italiens à la conférence avaient le soupçon de ce qui se préparait du côté français. Le comte de Launay, ambassadeur d'Italie à Berlin, télégraphiait, le 18 juillet : « Il serait bon d'avoir l'œil ouvert à Paris relativement à des combinaisons éventuelles se rattachant à Tunis ». Piqué, son collègue, le général Cialdini, ambassadeur à Paris, ripostait ironiquement : « Je vous prie de faire savoir à S. E. l'ambassadeur de Sa Majesté à Berlin qu'il serait prudent d'avoir l'œil ouvert sur le prince de Bismarck, relativement à des combinaisons éventuelles se rattachant à la Hollande. »

A Berlin même, plus le comte de Launay cherchait à percer le mystère, plus il s'y enfonçait. Les uns lui disaient blanc, les autres noir. Bref, il concluait : « La France nous enserre déjà suffisamment avec la Savoie, le Haut-Dauphiné, la Corse, etc..., pour que nous ne puissions consentir à lui laisser prendre d'autres positions stratégiques à notre détriment ». Mais, quand se sépara la conférence, les dés étaient jetés, la partie était engagée.

APRÈS LE CONGRÈS DE BERLIN

Comme il était naturel, le bruit que Bismarck, avec l'assentiment de lord Beaconsfield et de lord Salisbury, avait offert à la France d'occuper la Tunisie causa à Rome plus qu'une impression désagréable, une véritable émotion. Du point de vue historique, et pour la suite des événements, il y a intérêt à marquer les positions prises sur ce sujet, au lendemain du congrès de Berlin, par les trois puissances que l'affaire touchait le plus directement.

*
* *

D'abord la France. Dans sa dépêche à notre ambassadeur à Londres, du 26 juillet 1878, M. Waddington, ministre des Affaires étrangères, rapportait ainsi la principale conversation tenue pendant la Conférence entre le marquis de Salisbury et lui-même. On en était venu à parler de la Tunisie. « L'Angleterre, lui avait dit spontanément le noble lord, est décidée à ne vous susciter aucun obstacle de ce côté... Faites à Tunis ce que vous jugerez convenable, l'Angleterre ne s'y opposera pas et respectera vos décisions. » Le ministre français avait répondu : « Il est possible que l'avenir nous impose, à l'égard de la Tunisie, une responsabilité plus directe que celle qui nous incombe aujourd'hui. Le cours naturel des choses, je l'admets avec vous, destine sans doute cette contrée à compléter un jour l'ensemble des possessions de la France en Afrique;

aussi bien, dès aujourd'hui, ne permettrons-nous à aucune puissance étrangère de s'y établir et repousserions-nous par les armes toute tentative de ce genre. » Waddington avait d'ailleurs ajouté prudemment : « Bien que j'ignore (étant à Berlin et n'ayant pu consulter ses collègues) quelles peuvent être les intentions du gouvernement français à ce sujet, je ne crois pas qu'il acceptât, *dans les circonstances actuelles,* une annexion pure et simple telle que vous êtes disposé à l'envisager dès à présent... *Avant tout, ce qui nous importe, c'est que nous ayons une entière liberté d'y étendre notre influence et d'y développer nos intérêts de la façon qui nous conviendra le mieux sans nous heurter à des prétentions rivales.* »

Interrogé presque aussitôt par le général Cialdini, ambassadeur d'Italie à Paris (dépêche de celui-ci du 19 août), notre ministre des Affaires étrangères aurait déclaré « nécessaire de prendre dans la Méditerranée des mesures pour sauvegarder les intérêts français en conséquence de la situation créée par le congrès de Berlin. Mais la France, aurait-il précisé aussi, ne ferait absolument rien sans un accord préalable et complet avec l'Italie ». M. Waddington ne s'en serait pas tenu là et se serait lancé dans les confidences, faisant remarquer qu' « à son avis, on perd souvent en profondeur et en force ce qu'on gagne en étendue et en surface » ; bien plus, avouant à son interlocuteur qu' « Alger est un embarras (*inciampo*), un poids, une faiblesse pour la France, qu'il était donc personnellement contraire à l'acquisition de Tunis ». L'ambassadeur ne pouvait, en tout cas, point se plaindre du manque de cordialité d'un tel entretien, si les termes en ont été exactement reproduits ! Et il aurait, au surplus, emporté quelque chose de plus substantiel, une promesse de compensation éventuelle : « On ne fera rien, non seulement sans nous avertir, mais sans nous reconnaître d'abord le droit d'occuper un autre point d'importance corrélative et proportionnée ».

Gambetta, qui n'avait pas besoin, alors, d'être au pouvoir pour exercer la toute-puissance, aurait confirmé, avec des serments, les assurances du ministre. « Le gouvernement et le parti républicain qui le soutient ne pensent pas à l'occupation de Tunis. Si, un jour, il arrivait..., il se mettraient, avant tout, d'accord avec l'Italie, dont il ne convient pas à la France de se faire une ennemie irréconciliable; au contraire, particulièrement depuis le congrès de Berlin, il leur faut s'unir toujours davantage, surtout sur les questions orientale et méditerranéenne. »

Tel était le langage, officiel ou officieux, de ceux qui avaient qualité ou crédit pour s'exprimer au nom de la France. Nul ne saurait prétendre qu'il péchât ni par défaut de correction, ni par défaut de clarté.

.*.

De son côté, lord Salisbury écrivait le 7 août à lord Lyons, ambassadeur de la reine Victoria à Paris, en termes moins nets et même un peu embarrassés. Les conversations de Berlin, expliquait-il, n'avaient été que des conversations privées, sans caractère spécial, comme on en avait tous les jours entre plénipotentiaires. Il n'en avait pas pris note et il lui était impossible d'affirmer « que M. Waddington ait reproduit textuellement les paroles dont, lui ou moi, nous nous sommes servis... Je crois que M. Waddington a mal saisi ma pensée en comprenant que j'avais prédit *la chute prochaine du gouvernement actuel de Tunis...*

» Il y a cependant, continuait le marquis de Salisbury, une considération sur laquelle j'avais appelé l'attention de M. Waddington dans une conversation et à laquelle je ne dois pas omettre complètement de me référer dans l'occasion actuelle. La France n'est pas le seul pays qui se trouve dans le voisinage immédiat de la Tunisie. Je ne suis pas en situation de connaître les opinions exactes du gouvernement italien sur cette question; mais *j'ai tout lieu de croire que l'attention du gouvernement italien a été appelée sur elle.* Il ne faut pas supposer que le gouvernement de la Reine se soit formé une opinion sur la position que l'Italie pourra prendre relativement à la région qui est actuellement en question; car, aucune communication n'ayant été échangée entre les deux gouvernements à ce sujet, celui de Sa Majesté britannique n'aurait pu se faire une opinion qu'en complète ignorance de cause ».

Sous la même date (7 août 1878), lord Salisbury, répondant à un télégramme de sir Richard Wood, consul d'Angleterre à Tunis, où l'on s'inquiétait de la rumeur grandissante, l'autorisait à déclarer au bey qu'aucune offre d'*annexion* de Tunis à la France par le gouvernement de Sa Majesté au gouvernement français n'avait été faite. Littéralement, c'était vrai, mais ce n'était vrai qu'en épiloguant sur les deux mots *offre* et *annexion*. La preuve en a été apportée seize ans après, en 1894, par le comte Tornielli, devenu ambassadeur d'Italie à Londres, dans une lettre du 9 janvier, occasion prise de l'échec électoral de M. Waddington, battu au Sénat, et du fait que l'ancien ministre des Affaires étrangères, à l'appui de sa candidature, avait fait valoir que, pendant le congrès de Berlin, grâce à une stipulation secrète avec l'Angleterre, il avait obtenu pour la France *carte blanche* à Tunis. Le comte Tornielli rapproche, de cette déclaration, l'attitude qu'il avait lui-même observée chez lord Salisbury, les réponses évasives du marquis à propos de la question de Bizerte, et rappelle qu'il avait alors écrit que ce ministre, un des anciens plénipotentiaires anglais au congrès de Berlin, « devait être tenu, dans cette question, par des engagements personnels contractés là précisément avec M. Waddington ». Supposition qui s'était changée pour lui en quasi-certitude par une conversation qu'il avait eue avec lord Rosebery en juillet 1893 et où, « incidemment, Sa Seigneurie lui affirma que l'occupation de la Tunisie par la France avait été réglée, entre elle et les autres puissances, à l'époque du congrès de Berlin ».

∗
∗ ∗

Luigi Chiala interprète ces paroles de lord Salisbury : « *J'ai tout lieu de croire que l'attention du gouvernement italien a été appelée sur la situation en Tunisie* » comme une allusion évidente aux ouvertures faites à Berlin par le comte Bülow au comte Corti, lesquelles n'auraient pu rester cachées au ministère britannique. Mais rien de moins certain. *Forse che sì, forse che no.* Le prétendre et le soutenir, c'est faire participer l'Angleterre à la duplicité du jeu allemand.

Le même auteur donne, des entretiens du général Cialdini avec Waddington et avec Gambetta, relatés plus haut d'après la dépêche même de l'ambassadeur, une version, identique au fond, un peu différente dans la forme, où il semble avoir renforcé l'accent (si c'est

6

bien des mêmes entretiens qu'il s'agit, août 1878). Il y ajoute quelques détails, historiquement ou psychologiquement intéressants. Suivant lui, le général Cialdini aurait, tout en décernant à Waddington et à Gambetta de brevets de *galants hommes*, terminé son rapport par cette sentence, nullement indigne, celle-là, d'un petit-neveu de Machiavel : « Se fier est bien, ne pas se fier est mieux », et recommandé à son gouvernement de bien tenir compte de toute indication pour ne pas se laisser surprendre par les événements. D'autre part, insinue-t-il, dès ce moment (1878), le Président de la République Mac-Mahon, le président du Conseil Dufaure et le général Chanzy, gouverneur général de l'Algérie, étaient partisans d'une action immédiate à Tunis; et il insiste : « Nonobstant que celle-ci parût exclue dans les accords secrets intervenus entre le gouvernement anglais et le gouvernement français ». Mais, ici non plus, il n'est pas sûr qu'il ait vu juste. Le plus qu'on puisse dire, c'est que peut-être le gouvernement britannique se fût montré défavorable à une *annexion*; non pas à l'établissement d'un *protectorat*; sinon, la déclaration de lord Salisbury à Waddington, incontestée comme fait, n'aurait eu aucun sens. M. Chiala le sent tout le premier et conclut : « Dès lors, fut préparé le traité du Bardo, qui fut, depuis, imposé par l'épée au bey de Tunis, le 12 mai 1881. »

Maintenant, pourquoi ce traité dut-il être « imposé par l'épée » ? C'est ce qu'il est facile de découvrir dans l'enchaînement des incidents qui se succédèrent en Tunisie de 1878 à 1881. On ne peut pas être « surpris par les événements » quand, de soi-même, on va au-devant d'eux.

PREMIERS INCIDENTS

(FIN DE 1878)

Les conversations de M. Waddington avec Bismarck et lord Salisbury eurent lieu vraisemblablement dans la fin du mois de juin 1878. On en eut vent dès le commencement de juillet, et, dans ce même mois de juillet, avant que le comte Corti eût quitté Berlin, Tunis vit arriver le député italien Giovanni Mussi, qu'un long séjour en Egypte avait précédemment initié aux affaires africaines. Il n'était pas venu de son propre mouvement, mais envoyé par le président du Conseil Cairoli, sous prétexte de « gérer le consulat d'Italie » pendant l'absence du titulaire : singulière polition pour un député ! Quoi qu'il en fût, la nouvelle ne tarda pas à se répandre que Mussi avait conclu ou qu'il était sur le point de conclure, entre le gouvernement italien et la Tunisie, un traité d'alliance et d'amitié aux termes duquel le bey aurait reconnu la suprématie de l'Italie et celle-ci, en échange, lui eût accordé sa protection. L'information, que *le Temps*, en France, qualifia de « fantastique », fut démentie par la presse officieuse italienne, mais il est difficile, en tout pays, de persuader au bon sens populaire qu'il y ait une fumée sans feu. Selon d'autres témoins (l'Anglais Broadley, *The last Punic War*, I, 171), le député-consul suppléant aurait simplement demandé au bey la cession de Bizerte à l'Italie et, en ayant essuyé un refus, lui aurait exposé un plan pour faire de Bizerte un port libre, placé sous la garantie collective de l'Italie, de l'Angleterre et de la France. C'est sans doute ce que *le Temps* voulait dire en disant que la « mission » de M. Mussi à Tunis se rapportait surtout à une grosse affaire d'intérêts privés, sur quoi *l'Opinione*, organe autorisé du parti libéral modéré, remarquait : « Dans l'état présent des choses, ni la France, ni l'Italie ne peuvent briguer (*ambire*) le protectorat de la Tunisie, et désirer y envoyer leurs soldats. Mais il est vrai également que si l'une d'elles, quelle qu'elle fût des deux, commettait l'erreur d'étendre la main sur Tunis, l'autre s'y opposerait. La politique de l'Italie est donc bien déterminée, et l'on peut dire d'elle ce que *le Temps* disait de la politique française, qu'elle ne demandait aucun protectorat sur Tunis et n'admettait pas la possibilité qu'un autre l'exerçât. » Il n'en fallut pas davantage : Mussi fut rappelé, et, comme il devait s'y attendre, désavoué. Telle est l'ordinaire fortune des agents bénévoles qui n'ont pas réussi. On le renia; il n'avait pas reçu du gouvernement la moindre mission, pas même celle de gérer le consulat, et pas même à titre auxiliaire ou temporaire !

Bientôt après fut nommé consul royal à Tunis le chevalier Macciò, dont les démêlés avec notre consul général Théodore Roustan devaient faire quelque bruit dans le monde. M. Macciò mit à rejoindre son poste trois mois que M. Roustan employa à revendiquer hautement le droit d'exercer sur le gouvernement beylical une influence sinon exclusive, du moins prépondérante. Ce n'était pas là innover, mais seulement rentrer dans la tradition historique. L'article 2 du traité du 26 mars 1802 n'avait jamais cessé d'être en vigueur; or, il était formel : « La nation française...., comme étant la plus utile et la plus distinguée des nations établies à Tunis, ...sera aussi la plus favorisée. » Pourtant, sous la continuité inaccoutumée de cette pression douce, le bey, frappé de la coïncidence avec des bruits trop persistants, interrogeait le consul général britannique, sir Richard Wood, qui, à son vif regret, semble-t-il, ne pouvait qu'en référer à lord Salisbury; et Sa Seigneurie, attentive à peser les mots, faisait bien rassurer le prince alarmé, quant à la menace d'une *annexion*, mais gardait le silence sur toute autre éventualité, s'appliquant, au surplus, à tenir la balance égale entre la France et l'Italie. Laquelle Italie, pour comble de disgrâce, ayant voulu, sur ces entrefaites, faire valoir la communauté d'intérêts qu'elle avait avec la France en Egypte, se serait vue, par une dure réponse de Waddington au général Cialdini, évincée injustement; « injurieusement repoussée », dira Crispi à la Chambre italienne le 15 mars 1880.

Il n'était pas besoin de tant pour exciter l'opinion publique chez un peuple qui, lorsqu'il le veut, maîtrise ses nerfs et ne cesse jamais de les diriger, mais qui en a. La *Rassegna Settimanale*, de Rome, publiait, dans son numéro du 29 septembre 1878, une lettre de Tunis où l'on présentait comme un titre « l'état des relations commerciales existant entre l'Italie et la Tunisie, et le nombre des Italiens qui y sont établis ». Ce nombre était estimé à 30.000 personnes au moins, alors que celui de toutes les autres colonies européennes n'atteignait pas 15.000. La suite était plus contestable : « La colonie italienne, y lisait-on, n'est pas seulement supérieure à toutes les autres réunies par le nombre, mais aussi par son importance dans les affaires; elle compte dans son sein les plus riches commerçants, les banquiers les plus en crédit (*valenti*, puissants), les avocats et les médecins les plus en vogue; en somme, tout ce qu'il y a de plus respectable par la fortune, l'intelligence et la moralité dans la colonie européenne. Elle y est déjà tellement forte et tellement bien établie que notre langue est celle qui est parlée par tout le monde. » Et la lettre poursuivait : « Avec tout cela, depuis quatorze ans, notre politique a été une politique d'indifférence absolue à tout ce qui arrive. Pendant ce temps-là, par les finances, par les capitaux, par les chemins de fer, la France avance, conquérant peu à peu financièrement et commercialement toute la région; *et puis, un beau jour, l'annexion sera la chose la plus naturelle du monde...* Qu'on arrête l'invasion française, tandis que c'est possible. Peut-être la France a-t-elle besoin d'une rectification de frontière avec la Tunisie; qu'on étudie la question, et que l'on voie jusqu'où nos intérêts nous permettent d'aller; mais qu'on ne la laisse point avancer d'un pas au-delà, car *cette terre doit être nôtre par droit historique, comme par intérêt stratégique et commercial.* »

Quel droit historique? On ne le dit pas positivement. La victoire de Rome sur Carthage? L'Afrique romaine? C'était l'ombre d'un grand passé, qui tendait, avec une énergie toute juvénile, à revivre. Mais depuis, dans le monde moderne, comme titres renouvelés? Le député Merzario, dès 1875, avait invoqué « le voisinage de ce pays et du nôtre, la supériorité numérique et commerciale de notre colonie à Tunis ». Excellent humaniste, il crut même, plus tard, se devoir de les invoquer en vers latins, où les Allemands et nous, ensemble, étions assez maltraités.

⁎

En décembre 1878, le chevalier Macciò fit son entrée à Tunis. « Son entrée » est le mot. Une entrée, non de consul, mais d'ambassadeur, et d'ambassadeur d'autrefois; bien plus encore, de seigneur suzerain. « Il débarqua, note Luigi Chiala, avec un appareil militaire insolite, fut conduit au lieu de sa résidence sur un navire de notre marine, précédé d'un peloton de marins en armes, qui lui rendirent les honneurs militaires. » — « *Almost incredible act of folly* », écrira sévèrement l'Anglais Broadley. Bornons-nous à constater que cette pompe était extraordinaire. L'attitude quotidienne de M. Macciò ne le fut pas moins. Le premier incident éclata à propos de « l'affaire Sancy », banale histoire de concession de terrains pour l'établissement d'un haras. Rapidement, l'atmosphère se chargeait d'une vapeur mauvaise. M. Waddington, de Paris, et, par son ordre, le marquis de Noailles à Rome, n'hésitèrent plus à faire nettement connaître au gouvernement italien que la France ne désirait rien changer au *statu quo* tunisien, qu'elle ne nourrissait aucun projet d'annexion, mais qu'elle n'aurait pas permis à l'Italie d'exercer une influence politique *supérieure, ni même égale*, à celle de la France.

De pareilles déclarations n'étaient pas de nature à rabaisser le ton des exaltés. Pourtant, toutes les têtes n'en tournaient pas en Italie, et les plus hautes demeuraient les plus froides. Dans une lettre à Ferdinand de Lesseps, un de ses collaborateurs au canal de Suez, l'ingénieur Edoardo Gicia, a rapporté en ces termes un entretien qu'il avait eu avec le Roi, justement à la fin de 1878 : « A propos de l'incident franco-tunisien (l'affaire Sancy), le Roi m'a dit : Notre ambassadeur à Paris, le général Cialdini, nous transmet la plus formelle assurance, de la part de M. Waddington et de M. Gambetta, relativement à leurs intentions de maintenir de bons rapports avec nous. Ce qui se passe en ce moment nous donne à réfléchir. Nous pouvons nous joindre à la France pour obtenir le redressement de ses griefs, si griefs il y a, continua le Roi. *Je crois que la meilleure solution pour éviter tout conflit est l'exercice en Tunisie d'une influence égale entre l'Italie et la France, en y procédant d'un commun accord.* Comme conclusion, le Roi a manifesté qu'une telle idée était et resterait la base de sa politique méditerranéenne. »

Mais les Rois sont parfois servis avec excès de zèle. Au point vif, à Tunis même, le chevalier Macciô ne faisait que commencer à dérouler sa toile.

PREMIÈRES RÉPERCUSSIONS

(1879)

A peine l'affaire Sancy eut-elle donné une forme concrète à la rivalité des nations en Tunisie que les répercussions s'en firent très vivement sentir en Italie, au Parlement et dans la presse. Le sénateur Caracciolo di Bella posa, dès le 20 janvier 1879, une question au Gouvernement : « On prêtait à la France le dessein d'occuper Tunis. Etait-ce vrai? Si c'était vrai, le Gouvernement italien ne pourrait accepter que l'équilibre des Etats riverains de la Méditerranée fût altéré sans son consentement. » Depretis répondit : « En ce qui concerne Tunis, nous désirons conserver les bons et amicaux rapports que l'Italie a toujours eus avec la Régence, parce qu'il y a là une importante colonie, que nous y avons des intérêts de la plus grande importance, et parce qu'il s'agit d'un pays qui est à peu d'heures des côtes et des îles italiennes. » Cette réponse était sage, mesurée, et tout y était exact, sauf le mot « *toujours* » dans la phrase sur « les bons et amicaux rapports » de l'Italie avec la Tunisie (notre bref résumé historique a rappelé en quoi, pendant longtemps, avaient consisté principalement ces excellentes relations).

Ce n'était qu'une escarmouche; le premier coup de feu d'une bataille parlementaire qui devait durer trois ans, en devenant de mois en mois plus âpre. Un nouveau ministère s'étant constitué, le 17 juillet, sous la présidence du vétéran des luttes patriotiques, Benedetto

Cairoli, le député Damiani, spécialiste de la politique étrangère, l'interpella quatre jours après sa naissance, le 21, « sur la *prédominance*, le *predominio*, — frère jumeau de l'odieuse *prepotenza*, — qu'on a laissé exercer par la France à Tunis et sur les *humiliations* que celle-ci, en particulier dans les derniers temps, a infligées à l'Italie ». A ces invectives de tribune, la revue hebdomadaire la *Rassegna Settimanale*, déjà citée, fit écho le 10 août, sous la signature de son inspirateur, autre spécialiste, et plus notoire encore, de la politique extérieure, Sidney Sonnino, qui, dans sa jeunesse et sa maturité, ne fut jamais muet la plume à la main, mais dont le style gardait, du moins, à l'ordinaire, un ton académique et presque philosophique : « Le bruit court avec insistance que le Gouvernement français a fait comprendre au Gouvernement italien qu'il entend se réserver toute ingérence dans les affaires de la Tunisie. *C'est évidemment un commencement de prise de possession. Tout porte à croire que ce n'est rien d'autre qu'un épisode du partage de la Méditerranée, manifestement arrangé entre l'Angleterre et la France, spécialement à notre détriment.* Déjà l'Asie Mineure est sous le protectorat anglais. L'Angleterre et la France sont en Egypte. Lorsque la Tunisie sera occupée par les Français, il restera à notre commerce et à notre influence les rochers et les sables de Tripoli. C'est donc, pour l'Italie, un intérêt, une nécessité, de placer parmi les points cardinaux de sa politique extérieure l'indépendance de la Tunisie par rapport à la France. »

A son tour, le député sarde Umana (il n'est pas surprenant que les Sardes et les Siciliens, Méditerranéens de pleine Méditerranée, se soient distingués dans ces combats), après de longs entretiens avec le consul

Macciô, devait dire (13 mars 1880) : « Qu'on le veuille ou non, la position de la Tunisie dans la Méditerranée est telle qu'on ne peut admettre qu'aucune des grandes puissances d'Europe y exerce une domination propre et exclusive. Il saute aux yeux qu'un port militaire à Bizerte, ou en un point quelconque du pays de Tunis, menacerait... »

Ce port tunisien menacerait quoi?

« *...les communications de l'Angleterre avec l'Asie Mineure et avec l'Inde.* »

Conclusion : « La Tunisie ne doit appartenir à aucune nation puissante... Donc, pas d'annexion, pas même d'occupation, ni surtout de protectorat, *mesure encore plus odieuse.* »

Puis, tragique, M. Umana faisait apparaître sur le mur le spectre de Caton jetant dans le Sénat romain des figues d'Afrique encore toutes fraîches, et terminait par cette citation du « splendide poème latin » de son collègue Merzario : « Jamais l'audacieuse progéniture de l'avare Brennus ne fera peur aux Italiens, ni la farouche descendance, qui se multiplie trop, de l'équivoque Arminius. » (Mais c'est beaucoup plus beau dans le texte :

> *....Italos nunquam terrebit avari*
> *Progenies audax Brenni... etc...)*

⁂

Le pivot de la situation sur lequel tout l'avenir allait tourner, était l'attitude de l'Angleterre. Il fallait l'amener à se déclarer. Il fallait d'abord, et le discours du député Umana y tendait plutôt trop visiblement, éveiller ses inquiétudes. D'autant plus que, à la demande de la France, le Gouvernement britannique avait rappelé de Tunis son consul général, sir Richard Wood, tout de suite après l'affaire Sancy dont cet agent s'était indiscrètement mêlé. Ce rappel n'avait pas manqué d'être interprété en Italie comme l'affirmation que l'Angleterre laissait à la France « les mains libres » en Tunisie. Mais la France, la première, à l'approche de l'action que tant d'intrigues et de difficultés rendaient inévitable, voulait fixer définitivement ce point, en effet capital, et son ambassadeur à Londres, Léon Say, avait, suivant ses instructions, interrogé le secrétaire d'Etat, lord Granville, pour savoir « si le Gouvernement actuel (britannique) partageait les vues du précédent Cabinet, plus disposé à encourager qu'à entraver l'accroissement très sensible de l'influence française en Tunisie, *même si cette influence devait être portée plus loin que la France elle-même ne le prévoyait ou ne le désirait* ».

Lord Granville avait répondu (Lettre à lord Lyons, ambassadeur d'Angleterre à Paris, 17 juin 1880), en relevant « une certaine divergence entre ce qui avait été primitivement mentionné en conversation particulière et ce qui a été ensuite rapporté officiellement à V. Exc. comme l'opinion du précédent Gouvernement ». Il ajoutait qu'il avait constaté également que, dans sa dépêche, lord Salisbury avait expressément réservé toute opinion sur l'attitude que l'Italie pourrait prendre en ce qui concerne la Tunisie. D'autre part, la Régence faisant partie intégrante de l'Empire ottoman, il n'appartenait pas à la Grande-Bretagne d'en disposer. « J'ai dit...*que, toutefois, notre Gouvernement voyait sans jalousie l'influence que la France, par sa puissance supérieure et sa haute civilisation, exerce et exercera vraisemblablement sur la Tunisie. Le Gouvernement de la Reine se trouve dans la même situation que ses prédécesseurs, en ce qui concerne l'attitude que l'Italie pourra prendre dans les affaires tunisiennes.* »

Comment ce langage devait-il être entendu? Comme il l'a été en Italie, où M. Chiala avoue que, « bien qu'il fût moins expansif et moins amical » que celui du Cabinet Beaconsfield-Salisbury, « non seulement il reconnaissait légitime la prépondérance de l'influence française en Tunisie, mais il admettait que cette influence pouvait être poussée *plus outre* que ce que la France prévoyait et désirait alors; que, par conséquent, au fond il était identique et prouvait que la Grande-Bretagne était favorable à tout ce qu'il conviendrait au Gouvernement de la République de décider et d'entreprendre à Tunis ».

Les choses se présentaient ainsi, quand une nouvelle affaire, l'achat, par la compagnie italienne Rubattino, de la concession du chemin de fer de la Goulette, soustrait à la société algérienne Bône-Guelma, dont cette ligne était un appendice naturel, vint précipiter le dénouement. A cette affaire, où le Gouvernement italien intervint intempestivement, Jules Ferry, mieux que personne en position de connaître les faits et leurs causes, fait remonter l'origine de l'expédition de Tunisie. « Il n'y a eu de surpris, a-t-il écrit, que ceux qui ont bien voulu l'être. »

LE CHEMIN DE FER DE LA GOULETTE

(1880)

L'affaire du chemin de fer de la Goulette à Tunis se résume en ceci : la compagnie de navigation italienne Rubattino, se substituant à une société anglaise, avait acheté par voie de surenchère, avec subvention ou garantie du Gouvernement royal, le privilège de cette ligne qu'eût souhaité obtenir la compagnie algérienne Bône-Guelma. Le Gouvernement français avait le droit de voir là tout au moins un procédé fâcheux, et peut-être une indication menaçante. Il chargea donc M. Roustan de réclamer du Bey des avantages compensateurs pour la compagnie Bône-Guelma, et il appuya sa démarche par l'envoi de trois navires de guerre dans les eaux tunisiennes. « Afin, dit Luigi Chiala, d'atteindre plus sûrement le but. » En même temps que les navires mouillaient dans la rade de Tunis, M. Roustan se serait présenté devant le Bey et lui aurait enjoint d'accepter le protectorat de la France. Le Bey, alors, se serait couvert au regard du Sultan, son suzerain, par une lettre où il aurait écrit : « Le consul de France m'a remis un document contenant les conditions de ce protectorat; mais j'ai refusé d'accepter soit la proposition, soit le papier, sur lequel je n'ai pas même voulu jeter un coup d'œil. »

Sur le point particulier du chemin de fer de la Goulette, et en compensation du tort fait à la compagnie Bône-Guelma, le consul de France demandait pour cette société la concession d'une ligne Tunis-Radès : à quoi l'on objectait, du côté italien, que le Bey, aux termes de l'art. 4 de la concession (23 août 1871) de la ligne Tunis-la Goulette à la société anglaise que remplaçait la compagnie Rubattino, ne pouvait l'accorder à une entreprise rivale. Le différend devint bien vite public, et les polémiques s'allumèrent. Mais il faut rendre cet hommage à la vérité que la presse italienne ne se départit pas tout entière d'un calme courtois, et qu'un de ses organes les plus considérables, la *Perseveranza*, de Milan, poussa même l'impartialité jusqu'à oser dire au ministère Cairoli (17 août 1880) :

« Si vous avez fait stipuler la convention Rubattino au nom des intérêts italiens en Tunisie, la France, au nom des intérêts français, voudrait maintenant que le Bey en stipulât une avec elle. *Et notez que ces intérêts sont prépondérants (PREVALENTI), sont de beaucoup supérieurs aux vôtres; notez que la France a une situation prépondérante (PREVALENTE) que personne ne peut lui disputer.* »

Le surlendemain, 19 août, la *Perseveranza* revenait sur ce sujet :

« Les journaux français, remarquait-elle, affirment que la France ne vise pas à s'emparer de Tunis; nous ne prétendons point qu'ils ne disent pas la vérité, en l'affirmant. Mais nous savons *qu'il y a des situations plus fortes que les intentions des hommes.* Si une de ces situations, par rapport à Tunis, devait naître, nous disons que l'Italie doit se trouver préparée non à contrecarrer (*contrastare*) la France, mais à poursuivre une compensation au dommage qui en résulterait pour elle; compensation qu'aucune autre puissance ne pourrait justement lui refuser, puisqu'elle serait pour elle une nécessité. »

Ajoutons : compensation qu'aucune puissance ne songeait à refuser à l'Italie, et la France moins qu'aucune autre; que M. Waddington avait, dès le mois d'août 1878, laissé entrevoir, et que Paul Leroy-Beaulieu, au même moment, avait formellement désignée, en la nommant de son nom, dans l'*Economiste Français* du 18 août : « Pourquoi les Italiens ne jetteraient-ils pas les yeux sur la Tripolitaine? »

Il est vrai que la perspective n'enchantait pas tous les regards. En septembre 1878, avait paru à Rome un opuscule du sénateur Stefano Jacini, homme d'une grande réputation et d'une grande autorité, célèbre, entre autres travaux mémorables, par une introduction magistrale à cette *Enquête agraire* qui demeurera comme un monument digne des plus beaux du genre. Sous le titre : « *Un peu de commentaires sur le traité de Berlin* », Jacini, dans sa brochure, examinait cette idée de « compensation » dont l'air vibrait partout, depuis le congrès de Berlin. Compensation par ci, compensation par là, et à ceci, et à cela. Mais « de quelles compensations aurait-il été question pour contre-balancer le problématique (problématique pour bien des années au moins) accroissement de l'Autriche dans l'Adriatique? D'acquisitions en Albanie, à réaliser l'épée à la main contre la population la plus belliqueuse du monde, en grande partie musulmane, très jalouse de son indépendance? *Peut-être d'acquisitions à Tunis, pour soulever contre nous l'indignation et l'opposition armée de la France? D'acquisitions à Tripoli, pour ouvrir un nouveau gouffre dans nos finances?* Non, toutes ces espèces d'acquisitions ne pouvaient être prises au sérieux par personne en Italie. La seule acquisition, à titre de compensation, que beaucoup d'Italiens désiraient, était l'annexion du Trentin... Le malheur était que, dans les sphères autorisées de Vienne, on ne voulait même pas entendre parler d'une combinaison de cette sorte... »

.*.

Tous les journaux de la Péninsule n'adoptaient pas pourtant, il s'en fallait de beaucoup, la réserve prudente de la *Perseveranza*. Une campagne se dessinait, en faveur d'une alliance avec l'Allemagne et l'Autriche, où l'idée d'une compensation faisait place à l'idée, au fond la même, d'un profit certain, de quelque chose, de « pas mal » et du plus possible à gagner, qui devait trouver, en 1915, dans le *parecchio* de M. Giolitti, sa formule dorénavant fameuse. La *Riforma*, de Crispi, se distinguait au premier rang. « S'il est vrai, y lisait-on (16 et 18 septembre 1880), que l'Autriche et l'Allemagne ne soient pas disposées à nous accorder *a priori* de grands avantages, la pensée de s'unir à elles s'évanouira tout de suite en Italie; et il n'y aura jamais chez nous un gouvernement assez privé de sens pour exposer l'Italie à de graves périls sans l'assurance de compensations suffisantes. Mais il n'est pas moins vrai que sera apparue, claire, lumineuse, la possibilité que la politique erronée (*sbagliata*) de la France induise l'Italie à chercher ailleurs ces rapports amicaux et convenables que chacun, cependant, chez nous, désirerait maintenir avec notre sœur latine. Les Français le comprendront-ils? Remarqueront-ils le suprême péril pour la France d'avoir pour ennemis à la fois l'Allemagne, l'Autriche et l'Italie? Nous verrons bien. »

On a dit que, sous la pression de l'opinion publique, le président du Conseil Cairoli, jusque-là très pro-français, par souvenirs patriotiques et par sympathies démocratiques, aurait été retourné dans ses sentiments ou dans ses résolutions; qu'il n'aurait pas tardé « à se persuader qu'un accord avec les puissances conserva-trices de l'Europe, particulièrement avec l'Angleterre, était devenu indispensable pour le salut de l'Italie ». De là, de l'occupation de Tunis, serait sortie, en 1882, la Triple-Alliance, et Bismarck aurait pleinement réussi son coup. Peut-être; mais c'est en 1877, un an avant le Congrès de Berlin, quatre ans avant l'occupation française, que Crispi avait entrepris, à travers les Cours et les Chancelleries, sa tournée circulaire, dont l'un des objets était bien d'amorcer une pareille entente. Et la froideur qu'en 1880 Depretis ne cachait pas pour la nouvelle orientation se rattachait sans doute au peu d'enthousiasme qu'en 1877, tout en accréditant proto-colairement le voyageur (comment éconduire un person-nage de cette importance et de ce caractère qui, lors-qu'il se propose, s'impose?) il aurait témoigné pour la mission plus ou moins avouée du bouillant président de la Chambre.

Qu'on en juge comme on le voudra, Bismarck en personne était loin de se montrer aimable ou seulement encourageant. Il fit administrer, par la *Gazette de l'Allemagne du Nord* (20 octobre), cette douche glacée aux journaux italiens les plus échauffés : « Ces jours derniers, on disait partout que l'Italie s'était tournée du côté de l'Allemagne et de la Russie, après avoir offert à l'Allemagne et à l'Autriche son alliance à certaines conditions. Un jour, on parle de Tunis ou de Tripoli; un autre jour, de l'Albanie ou de Trieste. C'est très regrettable (textuellement : déplorable, *deplorevole*), parce que les Italiens ne réfléchissent pas assez sérieusement que cette demande injustifiable de Trieste doit provoquer l'indignation de l'Autriche et de l'Allemagne.

De même avec l'Angleterre. Il se peut bien que l'Angleterre et la France se trouvent un jour assez mal ensemble; mais ce ne sera pas pour l'Italie que l'Angleterre rompra avec la France, et l'accord de l'Italie avec l'Angleterre ne suffira pas à lui faire obtenir, en cas de conflit, la satisfaction de ses prétentions. »

.*.

Mais si, en Italie, quelques sages ne se résignaient pas à perdre, pour Tunis, l'amitié de la France, en France non plus on ne voulait pas, de propos délibéré, risquer à ce jeu l'amitié de l'Italie. D'après l'ancien ministre Baccarini, le Président de la République, Jules Grévy, l'aurait, dans une conversation intime, déclaré, en une forme familière et même, pour sa haute fonction, un peu trop pittoresque : au prix de l'amitié italienne, Tunis, aurait-il dit, « ne valait pas un cigare de deux sous ». On a peine à croire que, vraiment, ce montagnard avisé se soit exprimé de la sorte. Ce qui reste, c'est que l'amitié de l'Italie a été, en tout temps, « si chère et si précieuse à la France », qu'aucun gouvernement français, dans aucune circonstance, ne pourrait, d'un cœur léger, consentir à la compromettre.

TUNIS AU PARLEMENT ITALIEN

(FIN 1880)

A la fin du mois de novembre 1880, une discussion s'éleva, devant la Chambre des députés italienne, au sujet de la politique extérieure du Cabinet Cairoli. Un membre appartenant à l'extrême-gauche, M. Savini, porta, sans réticences ni circonlocutions, le débat sur la question tunisienne. « Nous ne sommes pas, dit-il, attirés vers l'Afrique par des ambitions de domination exclusive, ou par les mythiques splendeurs de Salammbô (*une pierre dans notre jardin*); nous ne voulons pas régner (*imperare*) sur Tunis; mais nous ne pouvons pas permettre qu'une autre grande puissance y règne. » Puis, haussant son éloquence au ton héroïque : « Que l'hon. Cairoli déclare que nous ne ferons pas d'abdications sur les côtes africaines; que nous sommes à Tunis parce que nous avons le droit d'y être; que la France ne pourra accomplir ses projets qu'en passant sur le corps de l'Italie; que nous ne nous laisserons pas chasser de l'Afrique; que le drapeau italien y flottera respecté et redouté ». L'orateur répétait, insistait : « Oui, redouté, parce qu'en fin de compte, nous sommes un peuple de 28 millions d'âmes, et non la lilliputienne principauté de Monaco (*une faute d'impression lui fait dire : Marocco*), ou la République de Saint-Marin ». Ensuite, une remarque, intéressante à sa date : « L'Afrique ouverte est un nouveau monde qui se révèle : la France le sait, et c'est pourquoi, campée à Tunis, elle tend les bras au commerce futur; et c'est pourquoi l'Allemagne aspire au protectorat du Maroc. Pourquoi devrions-nous en être exclus (de l'Afrique méditerranéenne) ? » Pour terminer par cette double négation qui valait une affirmation : « La Méditerranée fut un lac romain; aujourd'hui, elle ne doit pas, elle ne peut pas être un lac italien ; mais elle ne peut pas être non plus un lac français ».

Après M. Savini, dans la même séance, M. Damiani prit la parole. Damiani, Sicilien comme Crispi, si je ne me trompe, et que, s'il m'en souvient bien, on retrouvera plus tard auprès de Crispi, à la Consulta, en qualité de Sous-secrétaire d'État ou de Secrétaire général. Il fit, de haut, la leçon à la France, et lui donna un avertissement : « La France ne peut oublier qu'elle diffère de nous en ceci, que nous voulons maintenir l'intégrité de la Régence tunisienne, tandis qu'au contraire elle entend créer une France africaine . Et nous, Messieurs, nous avons toujours en main les moyens de déchirer (mot à mot : d'éventer, *sventare*, mais l'image est incohérente) toute trame contre l'intégrité du territoire tunisien ». Damiani continua et conclut : « L'Italie n'a pas seulement intérêt, comme le veut l'hon. Savini (radical *anti-austriaco*, de l'espèce des Cavallotti et des Imbriani), à ce que l'Autriche ne s'avance pas dans l'Adriatique : l'Italie a grand intérêt à empêcher que la France ne s'avance dans la Méditerranée. J'ai le cœur serré à la pensée que l'Italie de 28 millions d'âmes puisse ne pas voir vivante à ses yeux l'histoire qui descend de nos plus anciens pères à ceux moins grands, et peut-être moins fortunés ; qu'elle puisse ne pas apercevoir *la plus terrible des menaces*, le plus grand péril pour sa propre existence, celui d'une Carthage qui relève la tête des ruines où elle a été réduite ».

Carthage ! l'antique hantise ; toujours la suggestion historique à longue distance ; principe de force quelquefois, souvent aussi cause de tourment. Le Président du Conseil Cairoli répondit, le 25 novembre. Il réglerait sa conduite sur cette maxime : *Ni subir, ni faire actes de prépotence...* Notre attitude dans le différend avec la Société Rubattino prouve que nous ne sommes pas disposés à une politique résignée ». Damiani répliqua en rappelant que, déjà du temps de Mustapha Kasnadar, l'Italie avait été « *invitée* à mouiller un câble télégraphique entre la Sicile et Tunis ». Le Bey offrait même de participer à la dépense. L'Italie n'accepta pas alors. Et, plus tard, lorsqu'elle se décida, « la puissance qui est toujours prête à traverser ses voies empêcha le gouvernement tunisien de lui donner cette satisfaction ».

« Je ne vous demande pas, hon. Cairoli, termina-t-il ironiquement, d'être Caton ni Agathoclès ; je vous demande seulement si, avec le louable dessein de ne pas subir d'actes de violence, comme vous l'avez dit excellemment hier, il ne vous semble pas que le moment soit venu de prendre de fortes résolutions, et peut-être même de brûler les vaisseaux.

« En attendant, je dépose la motion suivante :

« La Chambre invite le Gouvernement :

« 1° A restaurer l'observation du traité stipulé et ratifié en 1868 entre l'Italie et la Tunisie et des articles annexés à la suite ;

2° A assurer (littéralement : protéger, *tutelare*) l'exécution du décret beylical et du concordat subséquent relatif à la Commission financière constituée au bénéfice des porteurs de la dette tunisienne ;

3° A repousser, à l'avantage des spéculateurs italiens qui voudraient construire des ports et des chemins de fer dans la Régence de Tunis, le privilège accordé par ce Gouvernement aux spéculateurs français ;

4° A réclamer la prompte immersion d'un câble sous-marin entre la Tunisie et la Sicile ;

Et passe à l'ordre du jour. »

Dans la séance du 28, intervinrent deux personnages de premier plan, l'un de la Droite, l'autre de la Gauche, Minghetti et Crispi, chacun selon son tempérament; Minghetti, d'abord, mesuré et un peu distant. Il écarta le reproche de *résignation* adressé par Cairoli à la politique de son parti. « Que le Président du Conseil, dit-il, regarde mieux dans ses archives : il se persuadera que cette politique fut si peu résignée que, dans un moment où l'Italie était dans les plus grandes difficultés intérieures, pourtant, en prévision de l'entrée d'autres puissances à Tunis, *il avait été résolu d'y débarquer aussi nos troupes*, afin qu'il ne pût pas y avoir là d'occupation permanente au préjudice de l'indépendance de ce pays ». Et, passant à l'offensive, il demanda, à son tour, au Gouvernement, s'il était « décidé, tout en respectant les droits de tous, à défendre la légitime influence de l'Italie, et à ne permettre en aucun cas que soit violée l'autonomie de la Régence de Tunis ».

Crispi, au jugement même de M. Chiala, fut, à son ordinaire, « agressif et piquant ». Il commença par remarquer : « L'hon. Minghetti a loué l'aide donnée par le Gouvernement à une entreprise privée en Italie, et personne de nous ne l'a désapprouvé ». (Notons, sans insinuer rien de désobligeant, que, dans la suite, on fit grief à l'orateur d'être en même temps président du Conseil et avocat de la Cie Rubattino-Florio). Puis se retournant vers Cairoli, il évoqua les souvenirs épiques de la Villa Gloria, éternel honneur des trois frères, Enrico, Giovanni, Benedetto :

Avanti a tutti.....
C'erano li Cairoli de vedetta...

Deux d'entre-eux y étaient tombés. Et Crispi apostrophait le survivant : « Mais honorable Cairoli, vous, garibaldien, vous qui n'avez d'autre gloire que celle qui vient des batailles pour la Patrie, voudriez-vous être au-dessous de ceux de Droite, en vous couchant, en vous endormant, en laissant passer sur votre corps les insolences et les violences d'un autre gouvernement ?

« LE PRÉSIDENT DU CONSEIL. — Lequel ?

« CRISPI. — Lequel ? La France, avec ses cuirassés, a obtenu ce qu'elle voulait.

« LE PRÉSIDENT DU CONSEIL. — Mais non.

« CRISPI. — Et ces cuirassés ont été envoyés contre vous, non contre le Bey, et l'Europe ne l'a pas compris autrement. Mais on me demandera peut-être : Hon. Crispi, voudriez-vous que le Ministre eût fait la guerre ? Non, hon. Cairoli, je ne vous conseillerai jamais de faire la guerre, Mais, pour ne pas la faire, vous ne devez pas la craindre. Même si nos navires étaient allés à la Goulette, la France ne nous aurait pas fait la guerre ».

****

La discussion fut reprise, au Sénat, une quinzaine de jours après, le 18 décembre. Il n'y a à en retenir qu'une révélation du sénateur Pepoli: « L'hon. Minghetti, raconta-t-il, quand il était Président du Conseil des Ministres, en 1864, m'a chargé de demander à l'Empereur Napoléon quelles étaient ses idées relativement à Tunis... Je lui ai demandé s'il s'opposerait à ce que Tunis devînt une colonie italienne; il m'a répondu que, *quant à la France, elle ne pouvait voir qu'avec confiance une colonie italienne en Afrique* ».

Le sénateur Caracciolo di Bella, enregistrant ces paroles, en tira cette moralité : « Je crois que, si une proposition semblable eût été faite à quelqu'un des hommes d'Etat qui gouvernent à présent la nation française, elle n'aurait pas trouvé le même accueil favorable ». Il précisa d'ailleurs que ce projet avait été assez bien formé pour être discuté dans ce temps-là, et Luigi Chiala complète ainsi le renseignement : « Une expédition était même déjà prête, qui devait s'embarquer à Gênes, conduite par le général Ambrogio Longoni ».

AVANT L'OCCUPATION DE TUNIS

(JANVIER-MARS 1881)

Dans les premiers jours de janvier 1881, le roi Humbert et la reine Marguerite qui, depuis leur couronnement, n'avaient pas encore visité officiellement la Sicile, devaient faire leur entrée solennelle à Palerme. Aussitôt que les notables de la colonie italienne de Tunis en furent informés, ils se réunirent pour nommer une Commission chargée d'aller féliciter les souverains. Sous la présidence du consul général Macciô, cette réunion adopta l'ordre du jour suivant : « Les Italiens de Tunis, acclamant le Roi et la Reine d'Italie dans leur voyage à travers la patriotique Sicile, ne le cédant à personne dans l'affection à la mère-patrie et à la dynastie, jaloux du *primato nazionale* qu'ils maintiennent depuis des siècles et qu'ils espèrent pouvoir accroître en ces hospitalières contrées, envoient à Leurs Majestés un salut affectueux et enthousiaste, et déléguent à cet effet une Commission pour le leur porter à Palerme ». Le Bey ayant, d'autre part, selon l'usage, décidé d'envoyer une mission afin de complimenter, lui aussi, des princes voisins qui se trouveraient si près de ses Etats, le journal officieux, le *Diritto*, insinuait, le 3 janvier : « Il est probable que la mission du Bey sera accompagnée (*si accompagni*) de la députation de la Colonie italienne ».

Ainsi fut fait. Un neveu du Bey, le premier ministre Mustapha-ben-Ismaïl, et leur suite s'embarquèrent pour Palerme en compagnie de la délégation italienne, ayant, naturellement, à sa tête le Chevalier Macciô, lequel lut une adresse dont une phrase commençait par une évocation : « Dans les colonies, et principalement dans ces contrées qui, riches de tant de glorieux souvenirs, furent jadis provinces de Rome... » et finissait par un hommage flatteur à cette Auguste Famille qui avait ouvert « une nouvelle ère aux gloires nationales ». L'adresse elle-même se terminait par un appel enveloppé, mais non équivoque : « Les Italiens de Tunis, se rappelant le vœu du Roi galant homme, *attendent avec confiance le jour où le prestige et la splendeur de la nation au dehors seront égaux à ses glorieuses traditions et à ses hautes destinées* ».

Tout y était : le *primato*, l'Afrique romaine, les traditions et les destinées, les regrets du passé et les espérances de l'avenir. On ne se tromperait probablement pas en pensant que cette démarche fut une des causes déterminantes de la résolution prise par la France de procéder sans plus de retard à l'occupation de la Tunisie. L'occasion, justement, s'offrait. Le 10 janvier, une lettre d'Alger signalait à l'*Agence Havas* de nouvelles déprédations commises en territoire algérien par les tribus tunisiennes insoumises des Kroumirs. Ce nom, jusqu'alors inconnu, est devenu subitement fameux, et presque légendaire. Les méfaits des Kroumirs arrivaient si parfaitement à point qu'on les eût dits, et qu'en ne se fit pas faute de les dire, créés et mis au monde tout exprès pour servir les desseins de notre politique. La plaisanterie parisienne s'empara la première de ce thème facile; elle alla jusqu'à feindre de douter de leur existence, et ce fut, pendant un moment, la question du jour que de « chercher le Kroumir ». Mais le difficile était vraiment, en cherchant le Kroumir, de ne pas rencontrer l'Italien et de ne pas se heurter à l'Anglais.

Fort opportunément, le *Temps* publia sous l'inspiration, semble-t-il, de Jules Ferry, un historique de la Tunisie dans les cinquante dernières années, pour établir que, durant cette période (mais déjà, nous l'avons montré, bien auparavant, et notamment pendant la Révolution française), au vu et au su de l'univers entier, la France y avait exercé un *protectorat de fait*, et répéter : *Qui touche à la Tunisie, touche à la France.* A cette déclaration, le *Diritto* répondit sur le champ : « Personne ne veut toucher à la Tunisie, si ce n'est la France. *L'Italie veut, et ellle a raison de le vouloir, que la Régence soit, comme elle l'a été jusqu'à présent, un Etat indépendant* ».

En France même, dans les sphères gouvernementales ou parlementaires, tous n'étaient pas aussi décidés que Ferry. Gambetta, redoutant la brouille entre la France et l'Italie, aurait voulu, suivant Luigi Chiala, *chloroformer* la question, au moins pour trois ou quatre ans. Et Jules Grévy, continuant la série de ses métaphores domestiques et peu heureuses, aurait dit, toujours d'après Chiala : « Même si l'on m'apportait la Tunisie sur cette table, je n'en voudrais rien savoir ». Mais Jules Ferry, dont une fermeté opiniâtre n'était pas la moindre vertu, tenait bon, appuyé sur son ministre des Affaires Etrangères, Barthélemy-Saint-Hilaire, ou plutôt soutenant et dirigeant, dans les traverses de l'exécution, la philosophie du vénérable traducteur d'Aristote. Tous deux comptaient, explique l'auteur italien, que l'Italie, engagée à Paris dans un emprunt de 600 millions, ne se mettrait pas en opposition avec la France pour la querelle tunisienne, et, « l'excitation de la France contre l'Italie étant très grande au commencement de 1881 », auraient « considéré comme une bonne fortune pour leur

Cabinet », à la veille des élections législatives, de se présenter devant le suffrage universel « avec l'entreprise de Tunis accomplie en dépit des Italiens ». De son côté, Cairoli n'aurait pas pris de leurs projets un grave souci. « soit parce qu'il lui répugnait de croire à une telle hostilité de la France, soit qu'il eût pleine confiance que l'Angleterre, par un sentiment de gratitude envers l'Italie (qui venait de lui rendre service dans la démonstration navale devant Dulcigno) aurait empêché toute offense à l'indépendance de la Tunisie ».

L'attitude de la Grande-Bretagne était en effet un point important, le plus important peut-être. La presse anglaise avait suivi avec intérêt, si elle ne s'en était pas émue, le duel Roustan-Macciò, où les adversaires s'acharnaient si fort que le général Cialdini aurait, disait-on, demandé à Barthélemy-Saint-Hilaire le rappel de Roustan, laissant entrevoir en échange le transfert de Macciò de Tunis à Alexandrie. Mais les choses, déjà, avaient été poussées trop loin pour qu'il suffît à les arranger de déplacer réciproquement les consuls, et l'on songeait d'ailleurs si peu à une disgrâce que M. Roustan était promu au grade de ministre plénipotentiaire, chargé d'affaires de France en Tunisie. Le 14 mai, la colonie française de Tunis lui remettait une adresse en réplique à celle de la colonie italienne au roi Humbert, pressant le gouvernement de la République d'agir, et le 23, un télégramme du consul britannique, M. Reade, à lord Granville dépeignait le Bey de plus en plus tourmenté « du bruit persistant que la France aurait l'intention d'occuper la Régence par les armes ». Le surlendemain 25, à la Chambre des lords, lord Stanley d'Alderley interrogea le principal secrétaire d'Etat : « La question de l'Enfida, dit-il (c'était un troisième ou quatrième incident de la même nature que les précédents), n'est qu'une question secondaire en comparaison des périls auxquels Tunis est maintenant exposée de la part de la France, mais pour lesquels l'Italie mérite peut-être de plus grands reproches ; car les Français ne seraient pas si irrités et ne menaceraient pas Tunis si les Italiens se fussent abtenus d'y ourdir des intrigues, et si les Français n'avaient pas craint que les Italiens ne voulussent s'emparer de la Tunisie ».

Là, peut-on le croire, est la vérité. C'était la note juste. En tout cas, c'était un langage impartial. Lord Granville répondit, en pesant et dosant les expressions et, le 28, à son tour, devant la Chambre des Communes, le Sous-Secrétaire d'Etat, sir Charles Dilke, usa de termes également vagues ou dilatoires ; ce qui ne devait pas empêcher Cairoli d'affirmer, quelques jours plus tard, le 6 avril, à la Chambre italienne, que, conformément au *démenti* donné par lord Salisbury en 1878, et après une nouvelle démarche de l'ambassadeur Menabrea, « sous aucune forme, il ne pouvait être donné par le Gouvernement britannique un assentiment à l'occupation éventuelle de la Tunisie par la France ».

Le 5 avril, paraissait, dans les journaux de Londres, une lettre de M. Montague-Guest, membre de la Chambre des Communes, accusant M. Roustan d'avoir excité les Kroumirs (il y en avait donc !) à violer le territoire algérien et à fournir ainsi à la France un prétexte pour intervenir en Tunisie. Le 6, le général Menabrea écrivait à lord Granville : « Comme l'intérêt que nous avons dans cette question ne diffère pas de celui de l'Angleterre, qui est de maintenir l'indépendance du Bey... » Sur quoi, pour ainsi dire, par retour du porteur, le Ministre anglais, se reportant aux assurances qu'à diverses reprises il avait reçues du Gouvernement de la République, précisa sa position et la nôtre. « Si la France entend exercer à Tunis l'influence nécessaire d'un puissant pays civilisé sur de petits voisins de civilisation moindre, elle ne désire point offenser les droits des résidents et commerçants étrangers à Tunis, et elle n'entend point *annexer* Tunis. Depuis lors, je n'ai pas eu connaissance que le Gouvernement français ait le moins du monde changé de politique à cet égard ».

Il eût fallu beaucoup de subtilité pour trouver dans ce billet autre chose qu'une élégante « fin de non-recevoir ».

L'AGITATION EN ITALIE

(AVRIL 1881)

Au commencement d'avril 1881, les esprits, en Italie, étaient violemment agités, moins encore à cause du ressentiment des incidents qui s'étaient produits à Tunis qu'à cause du pressentiment des événements qui allaient s'accomplir. La tribune et la presse devaient, à l'envi l'une de l'autre, retentir de ces craintes. Le jour même où lord Granville écrivait au général Menabrea, le 6 avril, M. Massari posait une question à Cairoli. Il rappelait les conversations de Berlin, et ce qui aurait été répondu dès ce moment au sujet du mécontentement à redouter en Italie dans le cas d'une intervention française à Tunis : « Eh ! bien, nous dirons aux Italiens, prenez Tripoli ! ».

Ce n'était que l'amorce d'un grand débat, dont prenaient aussitôt la direction un des chefs de la Droite, le marquis di Rudini, Sicilien, et, avec son fidèle Damiani, un des chefs de la Gauche, Crispi, également Sicilien. M. di Rudini fut amer et pressant : « L'Italie, dit-il, sent que l'occupation de la Régence de Tunis par la France est une menace pour elle; l'Italie sent que cette occupation est une atteinte à sa dignité ». Les journaux français venaient de publier un communiqué qui se terminait par ces lignes : « Au point où en sont les choses, on peut annoncer que, si le Bey ne donne pas à la France satisfaction sur tous les points en litige, une colonne expéditionnaire marchera sur Tunis. Nous

croyons savoir que les Cabinets de Londres et de Rome en sont avertis ». Le marquis di Rudini demandait donc :
Rudini demandait donc :

« 1° Est-il vrai que lord Salisbury et lord Beacons-field aient consenti à l'occupation permanente de la Régence de Tunis ?

« 2° L'Allemagne, l'Autriche-Hongrie et la Russie ont-elles eu connaissance de cet accord ? Y ont-elles consenti, ou l'ont-elles désapprouvé ?

« 3° Le nouveau Cabinet anglais est-il solidaire, dans les engagements pris, avec le Cabinet précédent ?

« 4° Est-il vrai que les troupes françaises aient franchi ou soient sur le point de franchir la frontière de la Régence ?

« 5° Le Gouvernement italien a-t-il consenti à l'occupation, même partielle, de la Régence de Tunis ?

« 6° Quelle conduite a-t-il tenue envers la France, et quelle conduite entend-il tenir ?

« 7° S'est-il concerté avec d'autres puissances quant à la question de Tunis ? »

A cette longue série d'interrogations, M. Damiani en ajouta une autre, presque aussi longue :

« 1° Quelle est l'action déployée récemment par le Gouvernement italien en Tunisie ?

« 2° Quelle est l'action qu'il a déployée vis-à-vis des gouvernements étrangers, tendant à résoudre ce problème, un des plus grands qui intéressent l'existence, la grandeur de notre pays ?

« 3° Qu'a-t-il fait pour connaître l'état des choses en Tunisie et la vérité sur les intentions et les actes des populations de la frontière algérienne ?

« 4° Qu'a-t-il fait pour empêcher ces prétextes ou ces actes qui ont servi de prétexte à l'action des envahisseurs ?

« 5° Qu'a-t-il fait pour empêcher l'action même des envahisseurs ?

« 6° Que se propose-t-il de faire aujourd'hui pour la protection de l'indépendance et de l'intégrité de la Régence ? »

Dans sa réponse, qu'on devine embarrassée, Cairoli fit une nouvelle allusion au « démenti » (énigmatique) de lord Salisbury. Il insista sur les déclarations faites par la France à l'Angleterre et à l'Italie, qu'elle entendait maintenir le *statu quo* en Tunisie. Mais quoi ? Après l'agression des Kroumirs (que le Ministre italien ne niait pas), on ne peut refuser à la France le droit de défendre sa frontière, en se tenant dans les limites préfixées pour cet objet... Les gouvernements européens, particulièrement les plus intéressés, comme l'Italie et l'Angleterre, ont le droit et même le devoir de prendre acte de ces déclarations de la France. « Je déclare que, comme l'Italie et l'Angleterre ont été et sont en cordiale communication par rapport à toutes les questions présentes, ainsi nous pouvons être assurés de l'identité d'idées pour apprécier la question de Tunis ».

(Qu'on veuille bien nous passer les lourdeurs d'une traduction qu'il importe surtout de faire littérale).

Le marquis di Rudini répliqua le premier. Il se félicita, avec quelque affectation, des paroles par lesquelles Cairoli avait pu « affirmer catégoriquement que l'Angleterre n'a jamais consenti et ne consentira jamais à la France l'ocupation de la Régence de Tunis... » (Mais, d'abord, Cairoli ne l'avait pas dit, et puis rien ne l'autorisait à le dire. Il en avait déjà dit trop, s'il connaissait, à l'heure où il parlait, la lettre de lord Granville à Menabrea de ce même jour, 6 avril).

Damiani remonta plus haut dans le passé : « N'est-ce pas la France qui, lorsqu'elle a occupé l'Algérie, a senti, en face des protestations générales, la nécessité de déclarer qu'elle n'aurait jamais attenté à l'intégrité du territoire tunisien ni du Maroc? » Et il déposa un ordre du jour de méfiance.

L'impression de la séance fut si peu favorable au Ministère que le *Popolo Romano*, organe de Depretis, se hâta d'accourir à sa défense. « Comment peut-on accuser le Gouvernement de n'avoir pas pris ses précautions, quand le Chef du Cabinet déclare formellement que l'Italie et l'Angleterre, comme elles sont d'accord sur la manière d'apprécier les autres questions, le sont aussi dans la question de Tunis ? » Et, dans un numéro suivant, ayant fait remarquer qu'on ne pouvait agir autrement, à moins de vouloir, comme une partie de la presse et certains hommes politiques de droite, « entraîner l'Italie à contracter des engagements et des liens qui nous mettraient dans des conditions à devoir faire la politique des autres plutôt qu'une politique nationale », le même journal répétait : « Le ministère Cairoli a cherché, dans cette question, comme dans toutes les autres, à suivre une ligne de conduite pacifique et, pour mieux assurer l'efficacité de l'action de l'Italie, à établir, en ce sens, un accord avec l'Angleterre, *accord qu'on a tenté en vain de démentir.* » Cependant, la lettre de lord Granville permettait de voir dans quelle mesure c'était exact.

Le 7, vint le tour de parole de Crispi, qui se montra assez modéré : « Il est juste qu'on sache que, tout en voulant que les droits de notre pays soient garantis, nous ne voulons rien contre la France; mais, au contraire, nous voulons rendre solide, cimenter même l'amitié des deux nations. » N'épiloguons point; ne recherchons pas si l'orateur, dans sa tournée de 1877, avait tenu toujours et partout un langage aussi sympathique, et si c'était donner une preuve qu'on le voulait, que d'en appeler sans cesse, non seulement à Londres, mais à Berlin où il n'était pas évident que l'on voulût la même chose. Constatons que les confidences de Crispi, ses conversations privées, étaient alors d'accord avec ses déclarations publiques, par exemple quand il vantait à Mme Edmond Adam « les bons rapports qui ne peuvent être fondés que sur un respect absolu et complet des intérêts réciproques ». De la part de tout autre, étant donné ce que l'on sait par ailleurs, ce serait invraisemblable; mais, de la sienne, quoique étonnant, ce n'est pas impossible. Il devait bien se flatter, un peu plus tard, de réunir, au profit de l'Italie, « l'épée de l'Allemagne et l'or de la France » !

Comme résultat immédiat, le ministère Cairoli fut renversé sur le rejet d'une motion de sauvetage, motion d'union patriotique, présentée par M. Zanardelli, à la faible majorité de 192 voix contre 171.

Dans le même instant, à la Chambre française, la politique de Jules Ferry était approuvée par 474 députés, et, le lendemain 8, elle le fut au Sénat, à l'unanimité des 277 votants.

A LA VEILLE DE LA DECISION

Tout avait été dit. L'acte ne pouvait plus tarder. En réponse à une assertion un peu téméraire de Cairoli, l'*Agence Havas* communiquait, le 9 avril : « Le Gouvernement français n'a pris aucun engagement avec personne sur l'affaire tunisienne, et sa liberté d'action est entière, ainsi qu'elle doit toujours l'être. » Le 11, Jules Ferry lui-même apporta à la tribune de la Chambre l'explication de cette note : « Le Gouvernement de la République, annonça-t-il, ira, dans la répression militaire qui commence, jusqu'au point où il faut qu'il aille pour mettre à l'abri, d'une façon sérieuse et durable, la sécurité et l'avenir de la France africaine. » Il précisa qu'il s'agissait à la fois de « châtier des agressions dont on parlait trop légèrement » et de « mettre un terme à une situation qui est absolument intolérable, car elle dure depuis dix ans ». Dans ce discours péremptoire de Ferry, l'historiographe italien Chiala relève et souligne non sans amertume les mots : « Ce noble et loyal pays qu'est l'Angleterre ». Il les oppose ironiquement à la locution passée, rappelle-t-il, en proverbe : « la perfide Albion ». Au fond, ce n'est pas cette antithèse qui est dans sa pensée, c'est une autre, et cette autre, réticente, inexprimée, l'Italie la ressent comme une injure.

Cette déclaration du Président du Conseil des ministres français fut immédiatement appuyée à Rome par une démarche de notre ambassadeur, le marquis de Noailles. Benedetto Cairoli, renversé le 7, mais réinvesti, pensa alors à se retourner vers Berlin, Vienne et Londres pour savoir quelle serait leur attitude dans le cas où la France se résoudrait à occuper Tunis. Celle de Londres lui semblait peu réconfortante, quoi qu'il voulût se persuader; celle de Berlin, franchement décourageante. N'y avait-il pas, à ce moment, des signes que Paris avait établi des contacts avec la capitale de l'empire allemand et que c'était le dessein ébauché pendant la conférence qui maintenant allait s'exécuter? Précisément, sinon opportunément, notre ministre des Affaires étrangères, Barthélemy Saint-Hilaire, qui avait la plume fertile (Saint-Epistolaire, raillait Aurélien Scholl), venait d'adresser au directeur de la *Deutsche Revue* une lettre inutile et excessive, toute débordante d'admiration pour Bismarck. Lequel Bismarck, dans le même temps, ne manquait pas une occasion de témoigner à l'Italie les sentiments « de la plus haute mésestime », — *della più alta disistima,* — surtout quand il parlait devant des Français, comme il l'aurait fait, en 1879, dans un entretien avec l'ambassadeur de France à Vienne, ou encore, plus récemment, dans une conversation avec le général Pittié, chef de la maison militaire du Président de la République, qui, passant par Berlin, était venu le saluer, et à qui, ayant affaire à un vieux militaire, il aurait révélé son opinion intime sur la politique italienne en un langage de chambrée que nous ne nous pardonnerions point de reproduire, mais que M. Chiala, ulcéré, n'a pu se tenir de consigner en note, à la page 293 de son livre.

Les choses suivant ainsi la pente de l'inévitable, un nouveau communiqué de l'*Agence Havas* fit savoir que les troupes françaises se rassemblaient à la frontière tunisienne, pour être prêtes à la franchir le 23 avril.

Naturellement, la *Riforma,* organe de Crispi, et la majeure partie de la presse transalpine avec elle, redoubla de jeter feu et flamme. Mais le *Popolo Romano,* fidèle à son rôle de modérateur, riposta tout aussitôt, par une mise au point, dont le principal défaut était de n'être pas venue à son heure, tandis que les vérités désagréables pouvaient encore être entendues sans blessure. En fin de compte, avouait le journal, plus ou moins inspiré par le Gouvernement, la colonie italienne à Tunis ne représentait même pas le quart des intérêts qu'y représentait la colonie française. Et il appuyait cette affirmation de constatations très importantes, qu'il convient de citer textuellement.

« C'est le moment, ajoutait-il, de dire les choses comme elles sont, afin que le pays ne prenne pas une chose pour une autre. Si l'on devait en juger par les cris, peut-être notre colonie serait-elle la plus considérable de toutes; mais, dans le fait, qu'est-ce qu'il en est? Quelles sont les grandes industries développées par les Italiens en Tunisie? Où sont les grands capitaux employés par l'Italie en Tunisie?

» Il est vrai qu'on a toujours cherché à obtenir des concessions sans avoir les capitaux nécessaires; sur ces concessions se sont formées des sociétés qui ont fait misérablement faillite, et l'on a continué ainsi. Il y a, cela n'est pas douteux, à Tunis quelques maisons de commerce italiennes respectables, mais elles se comptent sur les doigts, cependant que dans la masse il y a beaucoup de gens qui, en Italie, ne trouveraient pas un sou de crédit. Voilà la vérité.

» En prenant donc pour règle (pour point fixe, littéralement pour gond, *cardine)*, en tenant donc pour assuré que la France ne veut pas conquérir la Tunisie, et ne prétend pas à un protectorat sur elle, nous devons convenir que cette prépondérance, que cet exercice de majeure influence est logique et n'offense en rien la dignité de l'Italie, puisqu'il ne nous exclut pas de cette influence relative que nos modestes intérêts pourraient réclamer. »

Le *Popolo Romano* ne se contentait pas de ce premier coup. Il répétait, peu après, dans un autre article :

« Nous pourrions, le cas échéant, faire observer amicalement à la France qu'elle a tort de ne pas tenir en une juste considération nos intérêts et de ne pas favoriser, à côté de la sienne, notre influence coloniale à Tunis, influence qui, dans le fond, est très modeste et ne pourrait que concourir au développement de ses plus grands et plus vastes intérêts. *Mais ce ne sera pas à une question d'importance secondaire que nous devrons subordonner les intérêts grands et étendus (eştesi) qui unissent les deux nations. Ce serait folie de troubler (pour cela) nos bonnes relations avec la France.* »

Cette revue rétrospective pourrait, devrait peut-être s'arrêter sur ces lignes pleines de vérité et de sagesse. Mais, puisqu'il y a eu plaie, infection de la plaie, et puisqu'aussi bien elle est maintenant débridée, mieux vaut la curer au vif et la vider tout à fait.

DERNIÈRES DÉMARCHES

(AVRIL 1881)

On se représente aisément que, dans une opinion aussi échauffée que l'était en ces moments critiques l'opinion italienne, il y eut des mouvements d'humeur dont les manifestations manquèrent parfois d'élégance, et presque toujours de mesure. C'est ainsi, par exemple, qu'Achille Fazzari, nullement francophobe hier, dans une lettre à Rocco de Zerbi, écrivait avec amertume : « L'Italie peut désormais considérer Tunis comme un camp français de 50.000 hommes au moins; c'est-à-dire une menace continuelle pour nos côtes méditerranéennes. Même le général Garibaldi en arrive à la regarder directement *comme un coin français enfoncé en terre italienne,* et jusqu'à un certain point il a raison. » Puis, après s'être soulagé et comme détendu en exhalant toute sorte de récriminations et de vœux, Fazzari terminait par cette boutade, où l'on aurait tort de voir une simple plaisanterie : « Je voudrais encore deux autres choses : que nos journaux s'abstinssent de parler de Tunis et des Français, et que plutôt les Italiens adoptassent un chapeau *à la Kroumire.* »

Sur un autre plan et sur un autre ton, une correspondance aigre-douce s'échangeait entre « un éminent homme politique de gauche », que M. Chiala ne nomme pas (Crispi, peut-être?) et l'ancien président du Conseil Sella. Le président renversé et prêt à remonter, Cairoli, était dans le plus cruel embarras. Il eût voulu trouver un de ces moyens termes, prendre une de ces *vie di mezzo* que des théoriciens absolus ont bien pu condamner, mais qui n'en conduisent pas moins, en plus d'un cas, à la seule solution possible, par le seul parti raisonnable. Il se sentait, quelque assurance qu'il affectât, d'ailleurs mal et sans faire illusion à personne ni à lui-même, privé d'appuis effectifs au dehors. L'Allemagne restant sourde aux appels de l'Italie, ou même les repoussant brutalement, quand il lui eût fallu par surcroît se convaincre que l'Angleterre non plus ne s'opposerait pas à l'occupation de Tunis, Cairoli dut se borner à proposer au Gouvernement britannique une action commune pour la protection des sujets de l'un et de l'autre Etat dans la Régence. A cet effet, l'ambassadeur italien à Londres, le général Menabrea, suggéra l'envoi combiné de quelques navires de guerre. L'accueil ayant été évasif, il réitéra sa démarche, mais ne réussit pas mieux. Lord Granville eut soin de le faire savoir par dépêche à sir Augustus Paget, ambassadeur de la Reine à Rome : « J'ai fait observer au marquis Menabrea que la réunion de navires italiens, anglais et français aurait produit une excitation et pu être cause de sérieuses complications. Le Gouvernement de sa Majesté croit qu'il vaut mieux éviter ces conséquences, sauf si la nécessité de prendre la mesure sus-indiquée devenait urgente. »

De son côté, le Bey de Tunis, qui s'était, à force d'assertions outrecuidantes, laissé persuader par le bouillant M. Macciò que l'Italie pouvait compter sur l'aide de la Grande-Bretagne, déçu dans cette espérance, se tourna en dernier recours vers les puissances signataires du traité de Berlin, les priant de s'interposer entre la France et lui. En cela encore, manœuvré, comme on va le voir, par la politique italienne.

Le 28 avril, Cairoli, ayant reformé un Cabinet, se présenta devant la Chambre. Des bancs de l'extrême-gauche, Felice Cavallotti voulut encore prononcer des paroles de conciliation, mettre chaque chose à son point, sous une pression douce : « Dans le Gouvernement français aussi siègent des hommes de haute intelligence et de cœur, qui ne peuvent pas ne pas sentir que l'amitié, que l'alliance (il fit sonner le mot) de la France et de l'Italie représente des intérêts européens trop élevés pour qu'il soit permis d'en faire fi (*farne getto*) d'un cœur si léger; que la France est forte et riche, et justement fière de sa grandeur et de sa richesse, mais que personne au monde n'est assez fort pour pouvoir rejeter avec indifférence l'amitié d'une grande nation de 28 millions d'âmes. »

Ce même jour, à Londres, dans la Chambre des Communes, le Ministère fut assailli de questions. Le baron Henry de Worms, M. Montague-Guest, sir Henry Drummond Wolf, l'interrogèrent. M. Mac Sver demanda s'il était vrai qu'il y eût à Tunis 10.000 sujets britanniques et quelles dispositions avaient été prises pour les protéger. Le sous-secrétaire d'Etat au Foreign Office, sir Charles Dilke, répondit qu'il y en avait, croyait-on, 8.000, mais qu'il y avait beaucoup plus d'Italiens, et qu'un échange de vues avait lieu sur ce sujet entre les deux Gouvernements. Trace non effacée ou non recouverte de la démarche de Menabrea.

Mais finalement cette démarche n'avait abouti à rien de positif et d'actif. Faisant flèche de tout bois, Cairoli en vint, lui aussi, à invoquer les puissances qui avaient signé le traité de Berlin : preuve surabondante que c'était bien sa main à la poussée de laquelle le Bey avait dû obéir. Le général de Robilant, par ordre, s'informa de ce que ferait Vienne. M. de Kallay, en le recevant au nom du Gouvernement autrichien, se garda de promesses qui pussent compromettre : « Nous n'avons pas répondu au télégramme du Bey; nous ne savons pas si nous y répondrons; nous ne nous sommes pas encore occupés de la question. » Il y a des circonstances où il est bon d'être en retard d'une idée ! Berlin fut aussi froid et aussi sec envers le comte de Launay, à qui, comme on dit vulgairement, « les bras en tombèrent ». — « Le Cabinet de Berlin, gémit-il, ou évitera de se prononcer, ou, s'il le fait, ce sera dans un sens conforme à son attitude passive et, en somme, plutôt favorable à la France. » Déjà, remarque Luigi Chiala, M. de Saint-Vallier avait reçu de la Chancellerie allemande l'assurance qu'aucun obstacle ne serait opposé à l'action de la France, même si elle la poussait jusqu'à la conquête. Et il conclut sur cette constatation lourde de mélancolie : « Nous étions complètement isolés ! »

SUPRÊME EFFORT

(3-7 MAI 1881)

Devant l'indifférence ou l'inertie de ceux dont on espérait du secours, il y eut en Italie du découragement qui déposa dans les âmes un fond épais de rancunes. Un député important, M. Seismit-Doda, écrivit au journal le *Diritto* : « C'est une obligation des nations, en de certains moments suprêmes, de savoir se dominer et savoir attendre. On peut supporter avec dignité même une violence, même une prépotence, on peut supporter avec dignité même une humiliation. C'est ce que maintenant il convient de faire à l'Italie. »

Cette lettre, où l'on sent un frémissement contenu et comme comprimé à deux mains, était datée de Paris même où quelques individualités plus ou moins sans mandat tentaient alors encore une chance. M. Maraini alla voir Gambetta qui, dit-il, se retrancha derrière l'affaire du chemin de fer de La Goulette. Le Gouvernement français, selon le tribun, avait dû défendre de grands intérêts nationaux lésés. « Il fallait bien qu'il fît quelque chose ! » Et, comme Maraini, passant à la menace, indiquait que l'Italie n'avait plus qu'à resserrer ses liens avec l'Allemagne et l'Autriche, Gambetta répliqua, pour éviter d'accuser le coup, avec un sourire : « C'est notre vif désir d'avoir pour amie l'Italie, mais nous ne craignons point son alliance avec les puissances centrales. Elle est impossible. Tout le monde en Italie est irrédentiste. Trente et Trieste empêcheront toujours une *entente* vraiment cordiale entre l'Italie, l'Allemagne et l'Autriche. »

Cependant, les destinées étaient en marche vers leur accomplissement, parmi les murmures d'un chœur irrité et grondant. Le 3 mai, le marquis di Rudini interroge pour la troisième fois le Gouvernement italien. Est-il vrai qu'un corps de troupes françaises ait occupé Bizerte? Au nom de Cairoli, absent, Depretis répond : « Oui : un petit corps d'environ deux mille hommes. A cette constatation je ne puis ajouter ni explications ni commentaires. Je dis seulement que, de ce fait, ni les appréciations ni l'attitude du Gouvernement ne peuvent changer. »

La réserve presque silencieuse du « Vieux de Stradella », beaucoup plus manœuvrier que Cairoli, tenait en partie à ce que, dans le même instant, un ultime effort était fait à Londres pour émouvoir enfin la sensibilité britannique. M. Montague-Guest, grand champion de la cause tunisienne, ayant récidivé en ses questions à la Chambre des Communes, sous le prétexte du danger que constituerait un jour pour les flottes de la Grande-Bretagne la rade de Bizerte aménagée en port de guerre, le sous-secrétaire d'Etat sir Charles Dilke déclara tranquillement : « Le Gouvernement de Sa Majesté connaît l'importance de la position de Bizerte, mais il est douteux que, même en dépensant largement pour l'assèchement du lac, on puisse l'utiliser comme port. L'occupation permanente de Bizerte serait entièrement en dehors de l'objectif de l'expédition française, tel qu'il a été notifié à lord Lyons par le ministre français des Affaires étrangères. » (Entre parenthèses, cet incident ne vaut d'être signalé que parce qu'on y trouverait peut-être l'origine des difficultés qui devaient s'élever une

dizaines d'années plus tard au sujet des prétendues fortifications de Bizerte et qui n'étaient qu'une reprise de
l'affaire tunisienne sous une autre forme : une première
reprise, car celle-là ne serait pas la seule, et tout récemment l'histoire des naturalisations en était sans doute
une nouvelle réplique.)

De son côté, lord Granville, en personne, calma en
ces termes l'inquiétude du comte Delawar, à la Chambre des Lords : « Le Gouvernement français nous a
donné l'assurance qu'il n'a pas l'intention de *s'annexer*
des territoires, et, hier, il a autorisé lord Lyons à assurer
le Gouvernement de Sa Majesté qu'il ne nourrit pas
d'idées de *conquête* ou *d'annexion* en ce qui concerne
Tunis. Mylords, nous ne sommes pas jaloux de la
légitime influence qu'un grand pays comme la France
peut exercer sur un voisin faible et beaucoup moins
civilisé, tant que l'exercice de cette influence ne porte
pas atteinte à nos droits consacrés par des traités ou à
la position des sujets anglais commerçant ou résidant en
Tunisie. Je n'ai pas besoin d'ajouter que le Gouvernement de Sa Majesté remplira le devoir de veiller
attentivement à ce que ces droits ne soient pas atteints
par une disposition quelconque qui puisse être prise par
suite des opérations en cours. »

A Paris, en effet, M. Barthélemy Saint-Hilaire avait
rassuré l'ambassadeur d'Angleterre lord Lyons. « L'occupation de Bizerte et le débarquement de troupes en
ce lieu, lui aurait-il fait connaître, étaient nécessaires
pour les opérations militaires contre les Kroumirs. Il
faudrait une dépense de cent millions de francs pour y
établir un port. Le Gouvernement français n'avait certainement pas la pensée de l'entreprendre. Seulement,
si, dans l'avenir, une Compagnie française eût jugé à

sa convenance de créer un port à Bizerte, le Gouvernement de la République ne s'y serait pas opposé. » (Toujours la marque fatale du « faire » et en même temps « ne pas faire », de l'hésitation dans l'action, qui est une des faiblesses des Républiques parlementaires.)

Pourtant, à toutes fins utiles, et vraisemblablement sur des instances redoublées de Rome, la Grande-Bretagne accordait à l'Italie une satisfaction, que M. Cairoli s'empressa de faire sonner très haut dès qu'elle lui fut octroyée : « Nous nous trouvons d'accord avec le Gouvernement anglais pour l'envoi d'un cuirassé pour la protection de nos nationaux respectifs », affirma-t-il à la Chambre italienne, le 7 mai. Il est exact que, le dit jour 7 mai, l'ordre auquel il faisait ainsi plus qu'une allusion, un sort, venait d'être expédié. Mais il n'en reste pas moins vrai qu'en dépit de l'obstination du général Menabrea qui, à Londres, s'épuisait à obtenir, faute de mieux, que l'Angleterre prît l'initiative d'un arbitrage des puissances intéressées, pour le règlement des questions surgies entre la France et le Bey, sur la base du maintien du *statu quo* politique en Tunisie, en dépit de ce diminutif de démonstration ou plutôt de précaution navale, la déclaration de lord Granville faite la veille à la Chambre des Lords, dans les limites posées par la non-conquête, la non-annexion, sous réserve des droits des sujets britanniques, du respect des traités, de la non-utilisation de Bizerte comme port militaire, avait le sens, la valeur, la portée d'une véritable reconnaissance.

LE FAIT ACCOMPLI

Le 9 mai, le Gouvernement français adressa au Gouvernement italien une communication qui l'instruisait de sa résolution définitive. « Le différend tunisien, déclarait-il, doit maintenant avoir un terme ou par l'entrée des troupes au Bardo ou par l'acceptation de la part du Bey d'un traité déjà prêt depuis 1878 pour être soumis à sa signature. » M. Luigi Chiala, à qui ce texte est emprunté, le fait suivre d'un point d'exclamation, comme si la révélation le stupéfiait. Une telle fin ne pouvait pourtant pas être imprévue, et il serait même permis de dire que l'Italie, à force de la dénoncer à l'avance, l'avait précipitée.

Aussitôt qu'elle fut connue à Rome, une pluie d'interpellations (Rudini, Billio, Crispi) s'abattit sur le ministère, qui, le 14, démissionna. Sa chute était fatale. Mais elle ne réglait pas le compte. « Le peuple et le Gouvernement, conclut Chiala, se détachèrent de la France et se rapprochèrent de l'Allemagne et de l'Autriche, formant ainsi la Triple-Alliance. » Et nous notons, nous, en nous répétant (mais, suivant le mot de Michelet, l'histoire doit « dater ses justices »), que la Triple-Alliance avait été préparée, quatre ans avant l'occupation de Tunis, par la tournée de Crispi dans les Cours de Berlin et de Vienne, et que ce ne fut pas sa faute si, de Triple, elle ne devint pas Quadruple, puisqu'il eût bien voulu y faire entrer aussi l'Angleterre.

Du reste, qui avait commencé? « Les Français,

ajoute l'auteur italien que nous avons suivi, justifièrent leur conduite en disant qu'ils avaient été contraints à cette entreprise pour nous empêcher de l'exécuter, se prémunissant ainsi contre une offense très grave à leurs intérêts, de très loin supérieurs aux nôtres. » Et il se hâte d'objecter : « La vérité est que jamais les Italiens n'ont conçu le dessein de s'emparer de Tunis. » Toutefois, il avoue (comment le nierait-il après la confidence faite au Sénat par le comte Pepoli et relatée par lui-même?) : « Il s'agit un moment d'une semblable occupation en 1864, mais elle ne se serait d'ailleurs effectuée qu'avec le consentement du Gouvernement français d'alors, lequel était tout disposé à l'accorder. »

La morale que M. Chiala, et un grand nombre de ses compatriotes avec lui, tirent de cet enchaînement de faits est celle-ci : « Le triomphateur était Bismarck, qui écrivait en 1868 à l'ambassade prussienne en Italie (pièce tombée entre les mains de Mazzini) : « Quant à l'Italie et à la France, la configuration du globe terrestre ne se pouvant changer, elles seront toujours rivales et souvent ennemies. La nature a jeté entre elles une pomme de discorde qu'elles ne cesseront de se disputer : la Méditerranée, port admirable au centre de l'Europe, de l'Asie et de l'Afrique, canal entre l'Atlantique et le Pacifique, bassin entouré des terres les plus favorisées du ciel... Il est impossible à l'Italie de tolérer que la France menace à tout instant de s'emparer de Tunis, comme elle l'a fait dernièrement; de Tunis, qui serait pour elle une première étape pour arriver jusqu'à la Sardaigne même. »

1868-1878. Louable et persévérant souci de brouiller les cartes et de mettre les fers au feu ! Mais alors le projet italien de 1864? Si la France avait « menacé dernièrement », en 1868, de s'emparer de Tunis, comment aurait-elle, en 1864, — elle n'avait pas eu le temps de l'oublier, — consenti à ce que ce fût l'Italie qui s'en emparât? Il y a là-dedans une contradiction qu'on ne résout pas en expliquant, comme le fait Chiala : « C'est parce que le comte Corti n'aurait pas ignoré ce document prussien de 1868, qu'en 1878, à Berlin, il aurait refusé *le don fatal*. »

Quand la fatalité s'en mêle ! Sa déception se retourna contre tous ceux qui avaient joué un rôle en cette affaire. Le chevalier Macciò, après s'être vu parti pour la gloire, eut quelque peine à s'en tirer sans trop de préjudice, et, quoique couvert par Cairoli, ne fut sauvé que par la demi-indulgence du marquis Guiccioli : « Même si l'on avait eu tort de le maintenir à Tunis, on ne fait pas d'excuses, la pointe d'une épée sur la poitrine ! » La carrière diplomatique expose à deux fautes irrémissibles, dont la première est d'échouer avec scandale, et la seconde de réussir avec éclat, sans qu'on ait pu décider jusqu'ici laquelle est la moins pardonnée.

Malgré tout, le bon sens, la raison, la vue juste des choses, de leurs proportions et de leurs conséquences, ne perdirent pas tout à fait leurs droits, quelle que fût la violence du choc, et le *Popolo Romano*, peut-être sous l'inspiration de Depretis, s'en fit encore l'interprète en plus d'un article. « Si la France, imprimait-il le 11 mai, si la France n'occupe pas, ne s'annexe pas la Tunisie et si elle n'entend pas exercer un protectorat qui exclue l'Italie de l'exercice direct de cette influence qui est en rapport avec nos intérêts, franchement nous ne voyons pour l'Italie aucun dommage... » Puis, deux ou trois jours plus tard : « L'œuvre est désormais accomplie, et, à part la question de procédure, on peut dire accomplie avec modération et de manière à ne pas altérer les droits ni les intérêts des autres nations... Nous aurions pu désirer que l'on procédât autrement, pour tel et tel motifs. Mais, puisque d'autres raisons d'ordre intérieur peuvent avoir déterminé le Gouvernement français à choisir cette forme, il n'y a pas lieu pour cela de nourrir du ressentiment et de ne pas rétablir complètement avec la France ces bonnes relations que nous devons chercher à conserver avec toutes les puissances de l'Europe. »

Il nous plaît de rester sur ces sages paroles. De toutes celles qui furent dites alors — et il en fut dit ! — ce sont les seules que nous voulions retenir.

QUINZE ANS APRÈS

Peu à peu, si le ressentiment ne s'effaça pas, — *manet alta mente repostum,* — l'irritation se calma. Très lentement. La vie avait continué. Tant bien que mal, pas trop mal, on avait vécu à Tunis. Les Italiens y étaient restés, n'avaient point cessé d'y venir plus nombreux. s'y appelaient, y multipliaient. Officiellement, leur gouvernement ignorait le protectorat. Pratiquement, ils travaillaient, gagnaient leur pain, prospéraient et quelques-uns s'enrichissaient à l'ombre de la loi tunisienne et de la force française. Mais, pour la politique et la diplomatie, entre l'Italie et la France, la question demeurait toujours en suspens. Elle ne fut résolue que par une sorte de détour, à la faveur d'une circonstance particulière.

Le 15 août 1895, le Gouvernement français avait dénoncé le traité d'amitié, commerce et navigation conclu le 18 septembre 1868 entre l'Italie et la Tunisie, déclarant agir au nom du Bey et en vertu du traité de Kassar-Saïd (dit aussi traité du Bardo) du 12 mai 1881. Le ministère italien (second ministère Crispi) avait répondu, par l'organe du comte Tornielli, ambassadeur d'Italie à Paris : « Il est bien vrai que, par note du 9 juin 1881, M. Roustan (dont Crispi écrit le nom à la mamelouck : Rustan) a porté à la connaissance de l'Agence royale et Consulat général d'Italie à Tunis le traité de Kassar-Saïd; mais (il est vrai aussi) que d'une telle communication il n'a été par nous ni pris acte ni même accusé réception. C'est pourquoi, en même temps que je fais les plus amples réserves quant au sujet auquel se rapporte la note de M. de Lavaur (chargé d'affaires de France à Rome), je pris Votre Excellence de vouloir bien signifier verbalement, pour l'instant, à ce Gouvernement les « exceptions » (*eccezioni*) du Gouvernement du Roi à la procédure suivie ».

Là-dessus, explications du Gouvernement français, télégrammes et dépêches de Tornielli. Crispi, — nul n'en sera étonné, — n'était pas disposé à renoncer sans conversation au bénéfice des capitulations et conventions antérieures, rappelées dans le traité de 1868. Mais son Cabinet, — il en fut lui-même bien surpris, — fut renversé dans les premiers jours de mars 1896.

Le ministère Rudini-Caëtani (don Onorato, duc de Sermoneta), qui lui succéda, voulut discuter en même temps, faire marcher du même pas la question tunisienne et celle du rétablissement des relations commerciales, en général, entre l'Italie et la France. En réalité, ces deux questions étaient étrangères l'une à l'autre. Mais les récriminations sur la première donnaient de l'accent aux réclamations sur l'autre. « En France, gémira Palamenghi, le neveu et l'éditeur de Crispi, la considération de nos droits n'entre dans l'esprit de personne. L'opinion publique est à ce point prévenue que le Gouvernement français adjure le ministre italien de ne pas insister. » Plusieurs mois s'écoulent. Le duc de Sermoneta est remplacé à la Consulta par le marquis Visconti-Venosta, qui, en y arrivant, « trouve la situation empirée ».

Elle allait pourtant s'améliorer sous des influences du dehors. L'Angleterre avait assuré, eu août 1895, qu'elle procéderait, dans l'affaire de Tunis, d'accord avec l'Italie; néanmoins, sans plus long délai, elle avait consenti à négocier sur ce sujet avec la France et renoncé au traité perpétuel qu'elle avait avec le Bey. De même, l'Autriche-Hongrie, en juillet 1896, avait « cédé aux instances françaises », se réservant seulement en Tunisie le traitement de la nation la plus favorisée.

Il était désormais impossible de persévérer dans la voie tracée par Crispi. « L'Italie était isolée », elle le constatait une fois de plus. M. Visconti-Venosta n'insista même pas, remarque M. Palamenghi-Crispi, qui l'en blâme implicitement, pour un accord commercial. « Le 28 septembre 1896 furent signées les conventions par lesquelles l'Italie reconnaissait sans compensation, après quinze ans, la conquête française de la Tunisie, avec toutes ses conséquences ».

POINT FINAL
SUR LA TUNISIE

Je n'ai pas raconté si longuement (encore ai-je abrégé beaucoup) la récente histoire politique du rivage africain de la Méditerranée pour le plaisir pervers de remuer la cendre de vieilles dissensions, au risque de les rallumer. Bien au contraire, mon dessein était de montrer que, si ardentes qu'aient été parfois les compétitions, si âpres les polémiques, si provocantes certaines démarches ou certaines attitudes, si dangereux même certains gestes, les choses, en Tunisie et au Maroc, avaient fini par en venir à un état, non point sans doute parfait, mais assez bon ici, et là, en somme, supportable. C'est l'ancien style de la diplomatie italienne qui, emprunté d'elle et adopté par nous, a eu raison. Nous avons su « donner du temps au temps », et le temps a été galant homme.

Depuis une cinquantaine d'années que nous nous sommes établis en Tunisie, une vingtaine d'années au Maroc, Italiens et Français, dans un pays, Espagnols et Français dans l'autre, ont vécu, se sont coudoyés sans se bousculer, et peu à peu se sont rapprochés sous la pression d'une nécessité commune, jusqu'à coopérer, Espagnols et Français du moins, militairement, en une action concertée. On n'oublie pas pour cela, et il ne faut pas l'oublier, que des difficultés subsistent, mais il est désormais prouvé qu'elles peuvent toutes être résolues, puisqu'il en a été déjà résolu une, qui touchait au fond et engageait le principe. De même, quoique avec patience et prudence, entre Italiens et Français en Tunisie.

Habituons-nous à prendre les Italiens comme ils sont, et traitons-les comme ils veulent être traités. En les devançant à Tunis, nous avons dissipé un de leurs rêves, peut-être le plus cher de tous, après l'unité, et, comme elle, bâti sur un grand souvenir. L'unité a été le premier, mais celui-ci a été le second, et le rameau a fleuri tout de suite sur le tronc à peine reconstitué. Dès le mois de mars 1861, le chevalier François Mathieu, consul général de Sardaigne à Tunis, fut accrédité auprès du Bey pour représenter le nouveau royaume, et remplacé, le 30 août suivant, en ladite qualité, par le chevalier Eugenio Fasciotti. Le modeste fonctionnaire italien fut reçu comme un Consul de Rome. Il se trouva parmi ses nationaux un poète, dont on ne sait que le nom, Vincenzo Ghinassi, pour lui décocher en pleine poitrine six strophes, de huit vers chacune, où Victor-Emmanuel, le grand-père, apparaît sous les traits de l'Archange à l'épée flamboyante, qui fera flotter l'étendard tricolore, vert, blanc et rouge, par-delà l'immensité des mers, et, où, naturellement, est évoquée, ainsi que dans l'hymne de Mameli, l'ombre victorieuse de Scipion. Ce lyrisme peut ne pas être selon notre génie ou de notre goût. Mais il ne s'agit, en la circonstance, ni de notre goût ni de notre génie. Nos voisins, eux, sont faits ainsi ; qu'ils soient ainsi ! L'emphase latine est innocente, tant qu'elle n'enfle que les mots. Ce qu'il faut craindre, et surveiller, dans le tempérament italien, ce n'est pas ce qu'il a de chaud et d'expansif, mais ce qu'il a de froid et de renfermé.

Personnellement, je n'ai vu Tunis qu'une seule fois, et autrefois, dix ans après l'occupation, en 1891. Ce qui m'y avait le plus frappé alors, tout considéré sous le rapport international, c'était comme un étalage indiscret d'italianité. Sur la façade de plus d'un bâtiment éclatait en hautes majuscules l'enseigne : *Regia Scuola Italiana,* timbrée de la croix de Savoie. J'avais, cherchant mon chemin au sortir de la gare de la Marsa, été guidé par un capucin italien, familier avec le populaire, vers la villa du cardinal Lavigerie, qui, du reste, l'avait mis brusquement et joyeusement à la porte. Je n'ai eu, dans la suite, que peu de contacts directs avec les affaires de Tunis. En février 1895, pourtant, au cours de ma première mission à Rome, je reçus des visites plus ou moins spontanées d'officieux venus pour m'entretenir des griefs et des désirs de la colonie italienne en Tunisie ; des désirs plutôt que des griefs; là-dessus, nous ne parlâmes qu'*in generalibus,* suivant la bonne méthode florentine (¹). Et, en dernier lieu, ministre de France à La Haye, j'ai dû suivre d'assez près l'instance introduite par la Grande-Bretagne devant la Cour de Justice, au sujet de

---

(1) Autant qu'ils furent exprimés, voici quels étaient alors ces désirs :

1° Le Gouvernement italien ne créerait plus de nouvelles écoles à Tunis ; mais celles présentement existantes, de par le *statu quo* (convention de 1896), pourraient s'agrandir selon les besoins ;

2° Donc pas de nouvelles écoles italiennes d'Etat. Mais fondation libre d'écoles privées (au besoin avec le concours et sous le contrôle de la Société *Dante Alighieri*);

3° Echange des maîtres. La langue italienne serait enseignée dans les écoles françaises par un maître italien ; la langue française, par un maître français dans les écoles italiennes ;

4° Mise à la disposition des écoles françaises pour un cours du soir fait aux Italiens ;

5° Le vœu était, en outre, émis, dans une forme assez étrange, que, pour l'enseignement, et d'une manière générale, les Italiens, en Tunisie, ne fussent pas « moins bien traités que les Arabes »; que, s'il y avait un traitement de faveur, ce fût « au profit des Européens ».

naturalisations qui ne semblaient pas en elles-mêmes dignes de l'intéresser beaucoup. D'où il était permis de conclure que quelque part, en dehors de Londres, on s'obstinait peut-être à ne pas croire la question tunisienne définitivement réglée.

Eh ! bien, elle l'est. Notre volonté de paix, le souci de notre amitié avec l'Italie, le vœu d'une alliance possible, nous commandent de le déclarer sans ambages. Emu de manifestations tapageuses, M. Paul Reynaud l'a fait naguère en termes excellents : « Il faut, a-t-il dit, à Alger, aider l'Italie partout ailleurs dans le monde, mais si la France tient à la paix, il faut qu'elle regarde sa sœur latine dans les yeux et lui dise : La Tunisie ? Non ! » C'est la vérité et la sagesse mêmes. Courtoisement, doucement, mais avec fermeté, il faut, en effet, regarder l'Italie dans les yeux et lui signifier : « Il n'y a pas, et il n'y aura pas de question tunisienne». Après Tunis d'abord, après le Maroc ensuite, l'Italie a réclamé, en compensation, la Tripolitaine : elle l'a obtenue. L'équilibre méditerranéen, qu'elle prétendait rompu, en a été rétabli pour elle, à ses alentours immédiats. Mais les yeux dans les yeux ne suffisent pas ; on peut mettre la main dans la main.

Personne ne songe à étouffer l'Italie sous les ruines de son passé, ni même à la confiner dans les bornes de son présent. Il est évident que la flamme de sa nouvelle jeunesse, sa vigueur prolifique, lui créent des besoins qui ne tarderont point à devenir des exigences. Vouloir maladroitement les comprimer, ce serait la contraindre à l'explosion. Mieux vaut, comme le conseillait M. Paul Reynaud, l'aider. Partout dans le monde où il y a encore des terres vacantes, puisque, aussi bien, un nationaliste de marque, M. Forges Davanzati, l'a écrit dans la *Tribuna* : « C'est une politique large, de mesures vastes, non seulement méditerranéenne, mais océanique, que suit M. Mussolini, animé par un profond sentiment italien de race ».

L'Italie, qui s'est longtemps tournée, comme Rome, du côté de l'Afrique, paraît se tourner maintenant, comme Venise, du côté de l'Orient. Là non plus, le sol tout entier n'est pas vierge : il y a, en telle ou telle région, des droits antérieurs, des positions historiquement prises, des traditions consacrées. Mais il reste des espaces libres, qu'un peuple intelligent et hardi ne manquera pas de découvrir : tout donne à penser qu'il en a plusieurs en vue.

Pour être complète, cette étude du problème méditerranéen devrait donc s'étendre au littoral asiatique, tout au moins à deux ou trois points de ce littoral. Mais, premièrement, finissons-en avec l'Afrique.

LA TRIPOLITAINE

(1890-1912)

Après que le premier bruit d'une offre de la Tunisie
à la France, par Bismarck, à la Conférence de Berlin,
eut circulé en Italie, et avant que le premier pas eût
été fait sur le chemin d'une réalisation quelconque,
beaucoup d'Italiens, sinon absolument l'Italie (c'est-à-
dire, en termes exacts, le Gouvernement italien), avaient
tout de suite réclamé une compensation. Ils l'avaient
réclamée d'abord sans trop savoir où la trouver, ni surtout comment la prendre. Mais ils savaient bien pourquoi
ils la demandaient instamment, quelques-uns impérieusement. C'était pour rétablir l'équilibre méditerranéen,
qui allait être rompu; et, en effet, tout équilibre se
maintient ou se rétablit par des compensations. Leurs
revendications n'avaient d'ailleurs pas tardé à revêtir
une forme précise. Nous-mêmes les avions reconnues
justes en principe, et c'est peut-être un Français, Paul
Leroy-Beaulieu, qui, alors que personne ne l'avait
encore désignée clairement, avait, on se le rappelle,
montré du doigt la Tripolitaine.

Pourtant ce ne fut guère que vers 1890, sous le ministère Crispi, que la suggestion ou la cogitation se
condensa en dessein positif, puis en plan étudié avec
méthode à la fin de cette année-là. Crispi tira prétexte
d'un prétendu projet français de changer en annexion le

protectorat de la Tunisie, projet qui n'avait, que nous sachions, jamais existé; mais, en cela, il suivait à la course son imagination, toujours prête à s'emporter contre les machinations de plus en plus noires d'une politique française hypnotiquement anti-italienne dans l'Afrique du Nord.

La compensation méditerranéenne à l'occupation de la Tunisie par la France ne pouvait être, lui apparut-il à ce moment, que « la domination de l'Italie sur la Tripolitaine ». Mais, là aussi, ne rencontrerait-il pas cette France, acharnée à le persécuter ? Que voulait-elle de ce côté ? Que préparait-elle, avec ses Chaannba et ses Touareg ? Pour quel audacieux coup de main, par la promesse de quelle proie, avait-elle réussi à réunir autour de son drapeau ces ennemis réputés entre eux irréconciliables ? Dès lors, et du seul fait qu'il avait rêvé de donner à l'Italie Tripoli en compensation de Tunis, Crispi se constituait le gardien de cette province turque, comme si c'était une terre vacante, comme si ce n'était la chose de personne, comme si c'était déjà une chose à lui.

Quand une contestation s'élève au sujet de la frontière « tripolo-tunisienne, » — ainsi s'exprime Crispi lui-même — c'est l'Italie qui prend sur elle d'en informer « les Puissances intéressées ». En quelle qualité? Etait-elle donc, dès 1890, gardienne de cette frontière ?

Dans tous les cas, elle agissait secrétement, et quelquefois ouvertement, comme si elle l'eût été. Crispi avait demandé au général Luchino dal Verme un mémoire sur la Tripolitaine. Le texte en est dans ses propres *Mémoires* ; il l'avait donc fait sien. Or, il est à remarquer que la Turquie, dont les droits de suzeraineté sur la régence de Tripoli étaient incontestables et n'avaient pas cessé d'être exercés, n'y est nommée nulle part. Le général, lorsqu'il ne peut l'ignorer tout à fait, se sert, pour la désigner, d'une expression vague, comme : « la Puissance qui est en Tripolitaine », et d'autres du même genre. Son travail, d'ailleurs curieux, est fondé sur l'examen et la comparaison de sept cartes géographiques françaises, anglaises, allemandes; aucune italienne. Ce n'est guère qu'une discussion, qu'une chicane au sujet de la frontière « tripolo-tunisienne », laquelle frontière aurait été subrepticement repoussée par nous de 25 ou 30 kilomètres vers l'Est jusqu'à l'Oued-Mochta. Mais il en aurait été de l'Oued-Mochta (qui signifierait, paraît-il, précisément rivière de la frontière) comme il devait en advenir, au Maroc, entre la zône française et la zône espagnole, de l'Oued-Defla, ou rivière des lauriers-roses. Toutes les rivières de la Tunisie orientale pouvaient être « frontières » ainsi que toutes celles de l'Algérie occidentale étaient bordées de lauriers-roses. La seule différence était qu'il y avait réellement un cours d'eau, ou un lit de cailloux en tenant lieu, à l'endroit connu pour l'Oued-Mochta, tandis qu'à la place géodésiquement repérée pour l'Oued-Defla, et marquée par l'intersection de tel degré de longitude avec tel degré de latitude, il ne se rencontrait pas, même en creusant, le moindre filet humide !

Au surplus, qu'il s'agît de l'Oued-Mochta, de l'Oued-Sigsao, des puits, des pistes ou des oasis, en quoi l'affaire, à cette date, 1890, regardait-elle l'Italie, et à quel titre se mêlait-elle, non seulement d'exciter la Turquie à la vigilance, ce qui aurait pu être le fait d'un ami trop zélé, mais de grossir cette querelle de voisinage jusqu'à vouloir en faire une question internationale ? C'est le même jeu que nous avons vu le gouvernement italien jouer, de 1878 à 1881, à propos de Tunis, Crispi reprendre en 1887 à propos du Maroc, et qui semble avoir alors tant agacé Bismarck et le Gouvernement britannique.

Mais, tout en s'adressant encore à eux dans cette nouvelle rencontre, Crispi, dont l'ambition était aussi ombrageuse qu'orgueilleuse, étendait jusqu'à eux sa méfiance. L'accord anglo-français du 5 août 1890 contenait implicitement, selon lui, une menace pour Ghadamès. Le président du Conseil italien, dans un télégramme circulaire aux ambassades royales à Londres, Berlin et Vienne, annonçant un combat, sur la frontière, entre tribus tunisiennes et tribus tripolitaines, avertissait: « Je ne voudrais pas que ce fût une répétition de la fable des Kroumirs ».

Lui-même, d'ailleurs, où son neveu et éditeur Palamonghi, avoue que la chaleur mise par l'Italie à la défense de l'intégrité du territoire tripolitain était considérée avec défiance à Constantinople. Le plus étonnant, en cela, est leur étonnement.

Crispi n'en revint pourtant, s'il en revint, qu'au lendemain de sa chute, qui ne tarda guère (31 janvier 1891). Mais, dans l'intervalle, il avait eu encore l'occasion de s'agiter. Le 19, avait été rédigée une note par laquelle on essayait une fois encore de déclencher le grand jeu, en présentant « la situation résultant de l'accord incomplet du 5 août 1890 comme funeste à l'Italie, à l'Angleterre et aux puissances qui sont intéressées au maintien de l'ordre dans la Méditerranée ». Cette note suivait, à quinze jours de distance, un entretien du général Menabrea avec M. Ribot, dont l'ambassadeur d'Italie à Paris avait rendu compte dans une dépêche du 3 janvier. Si ce récit doit être tenu pour exact, c'est-à-dire pris au pied de la lettre, si le dialogue y est reproduit dans ses propres termes, le lecteur ne peut qu'être légitimement surpris que le ministre français ait accepté qu'on lui parlât sur ce ton. Mais trente-cinq ans ont passé : mieux vaut ne pas insister aujourd'hui. C'étaient les gentillesses d'alors : le sang versé en commun depuis lors les a effacées. M. Ribot aurait, du reste, dans cette même conversation, commis la faute de se laisser aller à une confidence sur les projets de la France concernant le futur commerce de Tunis avec le Soudan et la région du lac Tchad, qui ne seraient pas tombés dans l'oreille d'un sourd.

Quoi qu'il en soit, le général Menabrea écrivait, le 13, à Crispi : « L'Angleterre plus que tout autre, et ensuite l'Italie, ont le plus grand intérêt à ce que le commerce soudanais ne devienne pas le monopole d'une Puissance qui possède déjà une très vaste étendue du littoral africain de la Méditerranée. C'est pourquoi il me semble que l'Angleterre et aussi l'Italie devraient concourir de quelque manière à l'occupation (sus-indiquée) par les troupes turques, en subventionnant, s'il en est besoin, le Gouvernement ottoman pour qu'il les maintienne. Le concours ainsi prêté par l'Italie aurait pour résultat de dissiper les soupçons qu'on a cherché à susciter auprès du Sultan quant à nos aspirations tripolitaines et d'acquérir une plus grande influence en Asie Mineure, pour nous opposer (*belle façon de renverser les choses !*) à la guerre qui y est faite à notre langue, à nos établissements, à notre commerce par l'hostilité de la propagande française ».

Puis, en *post-scriptum,* ce qui prouve bien la vérité de l'adage que c'est souvent dans le *post-scriptum* que se découvre l'essentiel de la lettre :

« *P. S.* — On peut appeler la solution précédemment indiquée pour l'oasis de Ghadamès une solution pacifique; mais on pourrait penser à une autre plus radicale comme serait celle de l'occupation de la Tripolitaine par l'Italie, qui, à défaut de la Turquie, est la puissance la plus indiquée pour prendre cette régence sous son protectorat. Mais une telle solution pourrait donner lieu à des conflits armés, sur l'opportunité et les conséquences desquels je ne suis pas appelé à me prononcer ».

Malgré les efforts de Crispi, Berlin ne semble pas s'être beaucoup ému. Une dépêche du Comte de Launay, ambassadeur du roi d'Italie près de l'Empereur allemand, dit, en effet (21 janvier 1891) : « Pour cela (pour que le Gouvernement impérial intervînt), il faudrait l'appui de l'opinion publique, qui ne se manifesterait que s'il se produisait des faits mettant plus en évidence les intentions françaises ».

Mais on a tout à l'heure fait allusion, avec surprise, à un entretien de M. Ribot avec le général Menabrea, au quai d'Orsay. Le 22 janvier, à la Consulta, Crispi en personne en aurait eu un autre avec l'ambassadeur de France, M. Albert Billot. Il faut le croire, puisqu'il l'a soigneusement consigné dans un télégramme officiel, dans un télégramme à Menabrea, dont le moins qu'on doive dire est que c'est un document stupéfiant. Que de tels propos aient pu être échangés entre un chef de gouvernement et un ambassadeur, montre à quel point l'arc était tendu et l'on comprend mal ou que la corde n'ait pas rompu ou que la flèche ne soit point partie.

La retraite de Crispi, survenue à temps, rafraîchit sensiblement l'atmosphère. Mais, quand il reprit le pouvoir au commencement de 1894, il y rapporta l'idée obsédante que « la France avait élargi aux dépens de la Tripolitaine son vaste domaine africain ». Il fit rédiger par l'Office colonial du Ministère des Affaires étrangères deux nouveaux mémoires, dans l'un desquels, à propos de l'expédition du Français Maistre vers Ghat, reparaissait le refrain : « On a appelé sur cette question l'attention des Gouvernements de Berlin et de Londres, comme étant intéressés, autant que nous, à conserver l'équilibre de la Méditerranée ».

La Consulta jouait sans se lasser le jeu, qui rendait mal, de se mettre derrière l'Allemagne et de l'Angleterre, ou plutôt de les alarmer, pour les forcer à se mettre en avant. Elle essaya de tout dresser contre la France : « En résumé, concluait un de ces écrits, de même intention, celui du général dal Verme ou l'un de ceux des diplomates, la carte que nous avons examinée, en même temps qu'elle enregistre de véritables usurpations de territoires de la part de la France, soit que la prise de possession n'en ait jamais été notifiée aux puissances signataires de l'acte général de Berlin, soit qu'elles forment partie intégrante du domaine légitime d'autres puissances, ne tient aucun compte des droits acquis par l'Italie en Afrique en vertu de traités réguliers, ne fait même pas allusion à ceux de l'Angleterre le long du cours du Nil et porte un coup sévère (*fiero*) à l'équilibre de la Méditerranée, par une détermination arbitraire des *hinterlands* tripolitain, tunisien, algérien et marocain. Ainsi, même les possessions espagnoles de la Méditerranée, les possessions allemandes et portugaises de l'Atlantique et celles de l'Etat libre du Congo lui-même sont, comme on l'a vu, arbitrairement délimitées».

En dépit de ces avertissements, qui ne devaient pas être pour elle des révélations, la Grande-Bretagne signa avec la France la convention du 14 juin 1898, complétée, après Fachoda, par la déclaration additionnelle du 21 mars 1899. Héritier des sentiments, en même temps que des papiers de son oncle, M. Palamenghi se montre fort mécontent d'un arrangement qui dérangeait les plans de longue main tirés par Crispi. La faute, suivant lui, en fut surtout à la Turquie, mais l'Italie n'en fut pas tout à fait innocente : « La défense que l'Italie tenta des droits de la Turquie (en Tripolitaine, pour les relations de la régence avec le centre de l'Afrique) fut flasque et sans effet. A Constantinople, on attachait plus d'importance au soupçon que l'Italie méditât l'occupation de Tripoli qu'à la réalité des usurpations de la France ». Ainsi sont faits les hommes. Encore quelques tercets à ajouter au *Capitolo dell' Ingratitudine !*

A la longue, pourtant, et par l'effet lénifiant des conversations franco-italiennes (1900-1902), les rivalités s'étaient adoucies. Durant les six années qu'il occupa le ministère des Affaires Etrangères, M. Tommaso Tittoni eut plusieurs occasions de parler de la Tripolitaine. Une fois, le 10 mai 1905, répondant, devant le Sénat, à l'interpellation de MM. Viggoni et de San Martino sur la concession du port de Tripoli, il se félicita de l'accord qui avait reconnu à l'Italie une sorte de droit de préférence en Lybie et en Cyrénaïque. « L'Italie, déclara-t-il ce jour-là, trouve dans la Tripolitaine l'élément qui détermine l'équilibre des influences dans la Méditerranée... Le Gouvernement français s'est comporté avec une loyauté parfaite ». Une autre fois, s'expliquant les 4 et 5 juin 1908 devant la Chambre des Députés sur les relations de l'Italie avec la Turquie au sujet, notamment, de Tripoli, M. Tittoni répétait, et il accentuait fortement cette affirmation, que celles de l'Italie avec la France étaient « amicales ». Au surplus, à ce moment, il assurait aussi que le Gouvernement italien n'avait jamais pensé à l'occupation d'aucune partie de l'Empire ottoman, tout en maintenant, comme il l'avait dit au Sénat le 12 ou le 13 mai 1905, « le grand intérêt politique que Tripoli présentait pour l'Italie, derrière un intérêt économique faible encore ». Que cet intérêt économique fût faible alors, les chiffres cités par le Ministre le démontraient en effet. Les importations italiennes dans la Régence, qui n'étaient en 1899 que de 1.626.000 lires, ne s'étaient élevées en 1905 qu'à 2.168.000; et les exportations de la Régence en Italie, à cette dernière date, n'atteignaient pas le million (979.418 lires). Du point de vue de l'influence morale, bien que l'italien fût la langue la plus pratiquée de beaucoup sur le rivage tripolitain, le nombre des élèves dans les écoles royales était à peine de 1.100 et de 200 seulement dans les écoles subventionnées, M. Tittoni lui-même précisait, un mois plus tard, pour les écoles du Gouvernement : au total, 1.096 enfants, dont 185 italiens et 871 étrangers, sur lesquels étrangers, c'est-à-dire ici non italiens, 631 indigènes, « sujets locaux », 152 de diverses nationalités, 89 maltais.

Le fait que l'accord de 1898-1899 entre l'Angleterre et la France concernant l'hinterland tripolitain avait été conclu à l'insu de l'Italie, avait néanmoins provoqué dans le Sénat du royaume d'aigres critiques, et laissait subsister une trace de mécontentement. En 1991, une commission franco-turque avait procédé, sur le terrain, à la délimitation de la frontière, qui vers le Nord restait fixée à l'Oued-Mochta et vers le Sud abandonnait à la Turquie Ghadamès, occupée par elle récemment.

Quand, en cette même année 1911, l'Italie se décida à entreprendre, et poursuivit en 1912, une action militaire en Tripolitaine, cette frontière était donc officiellement, régulièrement, contractuellement constituée telle qu'elle devait demeurer depuis lors. En se substituant à l'Empire ottoman, c'est à ses droits, et dans les justes bornes de ses droits, que l'Italie se substituait. Il faut cependant reconnaître que presque dès les premiers jours de sa prise de possession et, en quelque manière, auparavant (se reporter au mémoire du général Luchino dal Verme), elle n'a pas cessé de réclamer une rectification. On en parlait à Rome, en janvier et février 1915, au milieu de récriminations qui n'étaient pas encore tout à fait apaisées contre les incidents auxquels avait donné lieu la saisie des deux navires français le *Carthage* et le *Manouba*, soupçonnés de transporter l'un un aéroplane, l'autre des officiers turcs travestis en mission médicale. On l'inscrivait au rang des demandes que l'Italie produirait à l'heure de sortir de sa neutralité. Et, tout dernièrement, elle a reparu dans l'énumération que le *Giornale d'Italia* a faite des griefs ou des « postulats » italiens, préalablement à l'entretien d'ajustement général, à l'acte « d'appointement » auquel on nous convie : « 4°, porte la liste, la fixation des frontières africaines », avec ce bref, mais suffisamment clair exposé des motifs : « Il n'existe pas de péril italien pour Tunis, mais un péril de réaction italienne contre la compression française, si la France ne tient pas compte des traités qu'elle s'est engagée à respecter. L'Angleterre a liquidé la question coloniale en cédant le territoire de Giuba à l'Italie; la France n'a rien fait pour régulariser la frontière méridionale de la Lybie ».

Il n'appartient qu'au Gouvernement français de dire s'il estime que la France ait quelque chose à « céder » ou à conseiller de « céder » à l'Italie sur la frontière entre le Sud tunisien et la Tripolitaine. Pour nous, tout ce que nous pouvions faire était de rappeler les précédents, à titre de plus ample information.

PRÉLIMINAIRES
A TOUTE CONVERSATION

Il n'est, à l'ordinaire, pas très sûr, quand on a écrit sur certaines matières, qu'un point final marque vraiment une fin. C'est ce qui m'arrive aujourd'hui. Je dois rouvrir, une minute, la porte que je croyais close. En termes d'une courtoisie, et même d'une amabilité parfaites, le grand journal italien, *La Tribuna*, vient de répondre au dernier des articles, où j'ai étudié, surtout dans le passé récent, « la question méditerranéenne ». Son obligeant rédacteur pousse la bienveillance jusqu'à me qualifier alternativement de « sénateur » et de « ministre », et voit, dans le ton de modération que je me suis efforcé de garder, l'indice du secret désir de me ménager « de bonnes relations dans les pays européens pour le jour — que sait-on? — d'un retour au pouvoir».

Grazie tante ! Il n'y a qu'un malheur. Je ne serai jamais sénateur, mon parti en est pris, et l'injustice du sort a voulu que je ne fusse jamais ministre. J'entends ministre secrétaire d'Etat. Car être ministre plénipotentiaire n'est point du tout équivalent. Dans la pratique, un plénipotentiaire est un homme qui ne peut rien et qui ne s'engage que « d'ordre de son gouvernement ». Ai-je besoin d'assurer que je ne reçois plus d'ordres de personne, et d'avertir, en conséquence, que je ne saurais engager rien ? Mais ce détail biographique n'a d'intérêt ni pour les lecteurs de la *Tribuna*, ni pour les miens ; à peine en a-t-il maintenant pour moi-même.

La seule question dont il s'agisse est, en dehors et au-dessus de toute personnalité, le problème méditerranéen. La *Tribuna* ne conteste pas que la surpopulation de l'Italie en soit une des données, mais, dans l'ensemble, elle le pose autrement. Le Français, dit-elle en un résumé sans nuances, l'éternel Français, tantôt grand démocrate (*democraticone*), et « sœur latin » (*sorello latino*), tantôt républicain nationaliste et plus calculateur, est toujours prêt à nous offrir ce qui ne lui appartient pas. Il ne pense qu'à nous occuper ailleurs pour nous écarter de chez lui. C'est le Tentateur qui, du sommet de la montagne, étale aux yeux tous les royaumes de la terre, excepté les siens. Mais pour nous, Italiens, le problème méditerranéen est si vaste et si important qu'il ne peut être traité sans une entière bonne foi. « Il est inutile d'indiquer aux Italiens des terres étrangères à conquérir : ce qui est à résoudre, ce n'est pas un problème de guerre, auquel cas il serait sot que nous attendissions le conseil d'autrui ; ce qu'il faut résoudre, c'est un problème de paix. Depuis que le fascisme a mis ce thème en discussion sur le tapis international, il n'a jamais parlé de guerres ni de conquêtes, mais il a toujours parlé d'un équilibre méditerranéen à maintenir, dans l'intérêt de l'Italie et aussi de l'Europe. (Traduisons littéralement : il y a dans le texte : « à maintenir *en vie* » ; donc l'équilibre existant). Aussi est-il absurde de nous indiquer des objectifs, du reste fantastiques, en un langage qui aboutit toujours à créer de nouveaux soupçons autour de l'Italie et à jeter le germe de la défiance entre nous et d'autres pays occidentaux et orientaux, qui se sentent identifiés dans ces génériques indications françaises. Nous sommes dans les meilleurs rapports avec l'Espagne et la Turquie. Rien à faire ».

L'Espagnol ? Le Turc ?

Hippolyte, grands Dieux ! — C'est toi qui l'as nommé !

Finissons-en tout de suite avec cette histoire de tentation française. Ce n'est pas nous qui avons offert la Tripolitaine en compensation de la Tunisie et du Maroc. Ce n'est pas nous qui y avons poussé l'Italie, dans un temps·où il est à croire que ses relations avec la Turquie n'étaient pas aussi bonnes qu'elles le sont devenues. Ce n'est pas nous qui lui avons montré la route du Dodécanèse. Ce n'est pas nous qui avons dicté à M. Vico Mantegazza son livre : *Il Mediterraneo e il suo equilibrio*, paru en 1914, ni à M. Giuseppe Bevione: *L'Asia Minore e l'Italia*, publié la même année, pour ne citer que deux ouvrages qui sont là, sous ma main, et ne pas me donner la peine d'aller jusqu'à ma bibliothèque. Mais laissons cela, et suivons plutôt la *Tribuna* sur le terrain qu'elle-même a choisi.

Elle continue : « Le problème de l'expansion italienne, tel que le fascisme a réussi à l'imposer à l'attention du monde, ne peut être soustrait à une amicale et pacifique discussion internationale, dans laquelle viendra de toutes parts la reconnaissance d'un droit italien concret, et tout ensemble viendra de notre part et de celle d'autrui la manifestation concrète de la volonté de résoudre ce problème dans l'intérêt général. Pourquoi M. X... ne commence-t-il pas par conseiller au gouvernement de son pays d'abandonner la politique inouïe de dénationalisation tunisienne, « authentique cas moral dans le climat actuel des rapports internationaux? » (Ainsi s'expriment à présent les publicistes, dans la langue de Machiavel). Pourquoi n'influe-t-il pas sur les dirigeants de la politique française, afin qu'ils renoncent à diriger leur action en un sens perpétuellement contraire à celui où va l'Italie ? Il y a encore tant à discuter, entre nous et les Français, sur des sujets qui intéressent directement nos deux pays, qu'il est parfaitement inutile et prématuré de déranger les autres ».

Nous n'imaginions pas qu'il y eût, entre l'Italie et nous, tant de choses à débattre, un quart de siècle après que M. Tittoni, par exemple, a déclaré, à la Chambre italienne (14 mai 1904) : « L'accord anglo-français (sur le Maroc), tandis que, du point de vue de la politique européenne, il constitue une nouvelle et précieuse garantie de la paix, du point de vue plus spécialement de la Méditerranée, représente, pour autant qu'il regarde l'Italie, la dernière conséquence des accords pacifiques préexistants par lesquels il nous est donné d'envisager tranquillement l'avenir ». Quarante-cinq ans après que les Italiens ont trouvé à Tunis, sous le protectorat français, des conditions de vie telles que leur colonie n'a cessé d'y croître et d'y prospérer aussi paisiblement qu'il lui a plu, nous ne pensions point qu'il subsistât « des problèmes si urgents et si douloureux », affectant « la situation méditerranéenne de l'Italie », blessant si durement le peuple italien et dans ses sentiments, et dans ses intérêts économiques, « du fait délibéré de la volonté française ». En vérité, non, nous ne l'aurions pas cru. Mais, puisque la *Tribuna* affirme que « les Italiens ne peuvent se distraire de ce souci » et qu'ils savent bien « où est le plus gros nœud de la question et quel est le travail à faire pour le détacher », puisqu'elle estime que, « si seulement on se mettait à causer entre Paris et Rome, la situation s'améliorerait aussitôt », soit, causons. Mais prenons garde que du moins elle n'empire pas. Ne causons que de ce dont nous pouvons causer. Ne touchons pas à l'intangible. Ne remuons pas le définitif. Et n'oublions pas, d'un côté ni de l'autre, qu'il y a la manière. Il semble, si la *Tribuna* voit juste, qu'il y aille, pour nos voisins, moins d'une question d'agrandissement que d'une question de prestige, c'est-à-dire d'amour-propre, de même qu'il y va pour nous d'une question de dignité. Faisons attention, nous Français, à ne parler à l'Italie que comme elle aime qu'on lui parle. Et qu'en retour, les Italiens se souviennent qu'il y a un ton sur lequel on ne parle pas à la France.

VERS LA MÉDITERRANÉE
ORIENTALE

J'ai dit, dans ma réplique aux amicales objurgations de la *Tribuna*, que ce n'était pas la France qui, comme on le lui reprochait, libérale du bien d'autrui, avait montré aux nécessités et aux ambitions italiennes la route du Dodécanèse et, par-delà, les chemins de l'Asie Mineure. J'en ai pris à témoin le titre même du livre de M. Giuseppe Bevione : l'*Asia Minore e l'Italia*, qui, daté de 1914, a par conséquent été écrit un peu avant la guerre. M. Bevione, si je ne me trompe, était rédacteur, correspondant ou envoyé de la *Stampa*, de Turin, et ne devait donc vraisemblablement pas être sans contact direct ou indirect avec M. Giolitti. De toute façon, son ouvrage, vif, coloré, précis, ne saurait être tenu pour nul et non avenu. N'en pas avoir désavoué les conclusions ou les tendances, c'est presque l'avoir officiellement avoué.

Or ces tendances, ces conclusions, quelles sont-elles?

On se rappelle, Crispi l'a exprimé dans ses Souvenirs, le dépit violent et durable que l'Italie avait ressenti de se voir, prétendit-elle, aussi insolemment qu'injustement évincée de l'Egypte par l'Angleterre et par la France. L'Erythrée, avec les déceptions éthiopiennes, les sacrifices abyssiniens, ne l'avait pas suffisamment consolée. Plus loin au Sud, sur la Mer Rouge et du côté de l'Océan Indien, les compensations aussi étaient faibles. Ce qui lui était laissé de territoires assez vastes était pauvre, et de territoires assez riches était trop étroit. C'étaient là sans doute que s'étaient réfugiées les vaches maigres de la légende, chassées de la vallée du Nil. Il lui fallait, pour trouver satisfaction, franchir le canal, changer de continent, et remonter, à travers les contrées désertes et par dessus les positions déjà prises, le rivage oriental de la Méditerranée. A la vérité, elle n'était tout à fait absente de nulle part ; elle avait à peu près partout, en plus ou moins grand nombre, des nationaux, missionnaires, gens de métier, ouvriers. Mais nulle part elle n'était en situation prépondérante, et rien, pour ainsi dire, ne pouvait, avec la meilleure volonté d'acquérir et de s'établir, passer pour une *res nullius*, pour un bien sans maître. L'Italie, non pas née, mais ressuscitée d'hier, arrivait en retard à la distribution. En Palestine, une moitié des franciscains constitués par privilège gardiens du Saint-Sépulcre était italienne, mais la Custodie elle-même était sous le protectorat historique de la France. La Mésopotamie était le champ, clos ou ouvert, où se déployaient, se déroulaient, se débattaient, à coups de rails et de livres sterlings, par l'acier et par l'argent, les rivalités géantes de l'Empire allemand et de l'Empire britannique. En Syrie, on retrouvait la France, héritière de gloires, de bienfaits, de services, de titres, de devoirs et de droits anciens, jamais reniés ni abandonnés, renouvelés dans des temps plus récents ; bénéficiaire des œuvres admirables de ses religieux et de ses religieuses; maîtresse des esprits par l'école et des âmes par la charité plus encore que par la foi. Plus haut, dans l'Asie Mineure proprement dite, dans l'Asie antérieure des golfes, des baies et des îles, reparaissaient, à l'Ouest, l'Angleterre et l'Allemagne, s'étalait ou s'infiltrait l'hellénisme ; et vers l'Est, une fois escaladés les rebords à pic des plateaux et le Taurus vaincu, dans la partie compacte, solide, où se noue l'ossature, aux jointures du squelette de cet énorme corps, surplombant l'Arménie, surveillant la Perse, se tenait immobile ou, d'un mouvement lent, s'avançait la Russie, prête à intercaler sa masse entre les deux masses opposées de l'Angleterre et de l'Allemagne. Après avoir parcouru, de fait ou en pensée, tout cet espace, M. Giuseppe Bevione, prospecteur de la politique italienne, ne découvrait — c'est le mot dont il se sert — qu'une « zône libre ». Et résolument il y plantait le poteau, en appelant ce territoire à prendre « le lot de l'Italie », — *il lotto dell' Italia.*

Maintenant, M. Bevione va parler lui-même. Nous allons le suivre pas à pas, le transcrire et le traduire mot à mot. Il commence par déterminer, par délimiter la « zône libre », franche de toute emprise, option ou hypothèque européenne. L'Allemagne, l'Angleterre, la Russie, la France étant pourvues, « restent les territoires placés à l'ouest de la diagonale Haidar-Pascia (conservons l'orthographe italienne)-Adana, contenus entre la Mer de Marmara, la mer Egée et la Méditerranée. Ce bloc important demeure intact. Les vilayets d'Aïdin et de Brousse, qui en forment la majeure partie ne sont soumis au « *Noli me tangere* » d'aucune puissance. Si l'Italie veut être quelque chose dans l'Empire ottoman, si elle veut, en récompense d'une action bienfaisante pour la Turquie, qui lui coûtera de l'argent, de la fatigue et du risque, se constituer une zône de préférence — littéralement de « prévalence » (*prevalenza*) — elle ne peut plus désormais en Asie Mineure chercher autre part qu'ici ».

Entendons-nous bien, observe l'auteur. Je ne songe absolument pas à pousser mon pays à une action violente, quelle qu'elle soit, contre la Turquie. La question qui nous occupe aujourd'hui n'a rien de commun avec celle qui fut jusqu'en octobre 1911 la question de Tripoli. Nous n'avons aucun besoin spécifique de la domination de ces territoires. Tout notre intérêt, au contraire, est que la Turquie ne se défasse pas, mais se consolide et se régénère de façon à neutraliser victorieusement toutes les forces internes et externes qui visent à la détruire. Dans ce travail de raffermissement et de reconstruction de l'Empire, si quelque pays d'Europe peut tendre aux gouvernants de Constantinople une main loyale, sincère et non inutile, ce pays est l'Italie.

Mais enfin, on ne peut négliger le fait indiscutable que la Turquie a renoncé à mettre elle-même en valeur ses territoires, à développer par ses propres moyens ses propres ressources. La Jeune Turquie, beaucoup plus encore que la Vieille (ceci a été écrit en 1914), recourt à l'intervention des capitaux et des énergies directrices de l'étranger. Mais une telle intervention signifie fatalement création de sphères d'action qui tendent à devenir sphères d'influence particulière et exclusive. — Nous autres Italiens déplorons profondément cet état de choses. — Mais déplorer n'est pas supprimer, ni empêcher, ni même s'abstenir. Tout en le déplorant, nous devons ne point perdre de vue que c'est une singulière fortune pour nous que le bloc en question soit resté indistinctement offert à l'initiative européenne. Comment personne ne s'y est-il encore intéressé, il est difficile de l'expliquer. Le fait réconfortant qui résulte de cette constatation n'en est pas moins que l'Italie ne se trouve pas exclue, faute de place, de toute action légitime en Asie Mineure.

Seulement, cette action, où, par où, et vers où ? Le bloc occidental de l'Anatolie se peut diviser en deux sphères, l'une septentrionale et l'autre méridionale. Smyrne marquerait sur la côte le point terminus de la ligne de séparation, qui pourrait être indiquée par le cours du fleuve Ghediz-Ciai, l'antique Hermos. La zone septentrionale comprendrait tout le vilayet de Brousse et le mutessariflik de Bigha sur les Dardanelles; la zone méridionale, la plus grande partie du vilayet d'Aïdin et une partie du vilayet de Konia. Deux puissances pourraient facilement et sans inconvénients réciproques y développer une action économique distincte (chacune dans sa sphère).

L'action économique ainsi prévue et préconçue rayonnerait de Smyrne. A Smyrne même, M. Bevione le reconnaissait, la France avait une situation considérable. Les Français étaient maîtres du port, des *trams*, des quais, du chemin de fer Smyrne-Cassaba. Bien plus encore, quoique, cinquante ans auparavant, l'italien ait été la langue d'usage, ils tenaient, par leurs congréganistes, les écoles, et tout ce qui était un peu instruit parlait maintenant le français, que leurs concurrents eux-mêmes, s'ils voulaient avoir des élèves, se voyaient forcés d'enseigner. Des missions archéologiques et des missions commerciales complétaient cette œuvre de pénétration. Rien à dire, avouait l'envoyé de la *Stampa*, contre de pareilles entreprises, où la France ne faisait qu'exercer légitimement son activité. Mais il concluait aussitôt : « Nous, Italiens, nous devons seulement nous rappeler qu'un droit identique nous appartient. Possédant, ne fût-ce qu'en dépôt, le Dodécanèse, nous ne pouvons plus nous désintéresser de ce qui arrive en face des îles occupées. Et puisque la zone libre comprise

entre le chemin de fer de Haïdar-Pascia (ou Pacha) à
Adana, la mer de Marmara, la mer Egée et la Méditerranée est si vaste, nous pourrions aussi chercher à
nous entendre avec les Français, s'ils ont vraiment la
volonté de faire dans ces régions quelque chose de particulier, pour concentrer nos soins chacun dans une zone
distincte, évitant de nous épuiser dans une lutte stérile
autour du même morceau. » (1)

Nous n'accompagnerons pas M. Giuseppe Bevione
dans l'inventaire descriptif et estimatif qu'il dresse du
« lot de l'Italie »; il suffit de noter que selon lui le
choix de ce lot ne pouvait être que très laborieux. S'il
ne restait libre en Turquie que la contrée située à l'Ouest
du chemin de fer d'Anatolie, dans cette région il y
avait place pour l'initiative de plus d'une nation européenne. L'Italie se gardait donc de la revendiquer tout
entière. Elle avait à considérer, avec les positions des
autres, sa position à elle-même, définie et orientée par
l'occupation du Dodécanèse. « Au nord de Smyrne,
constate M. Bevione, si riche et attrayant que puisse
être le territoire, les concessions existantes et le manque
d'un point d'appui rendent pour le moment moins favorables nos chances de succès et multiplient les difficultés
d'établissement. En revanche, au sud de Smyrne, le
moindre nombre de concessions existantes et la proximité
de cette merveilleuse base d'action qu'est Rhodes font
notre première pénétration plus commode, plus facile,
d'un succès plus certain. »

Et c'est pourquoi la première concession demandée le
fut pour le territoire d'Adalia. « L'Italie s'est assuré

----

(1) Giuseppe Bevione, *L'Asia Minore e l'Italia*, p. 69 ; Turin,
Bocca, 1914.

pour quatre ans dans les Sandjaks de Mentescè (vilayet d'Aïdin), de Bourdour et d'Adalia (vilayet de Konia), la faculté exclusive de faire des études en vue de la construction d'une voie ferrée. Rien de plus pour le moment. Il ne s'agit donc pas d'une grande chose. Mais c'est le premier pas, celui qui coûte... La concession d'Adalia n'est qu'une *antichambre*. Adalia elle-même ne peut être que la première étape de notre marche. Les trois sandjaks auxquels se limite notre concession d'études ne sont pas égaux à notre *potentialité*, ne peuvent satisfaire nos légitimes aspirations. Il faut chercher autre chose, il faut faire autre chose, sans hâte, avec méthode, avec continuité de vues et de volonté. »

Evidemment, le bon endroit, « l'œil » de l'Anatolie occidentale, son débouché, son centre, c'est la seconde ville de l'Empire ottoman, c'est Smyrne. A Smyrne afflue et de Smyrne découle toute la vie du littoral égéen. On ne peut s'en désintéresser. Mais, encore une fois, les Français sont là. Ils y ont, outre la maîtrise positive de la ligne de Cassaba, avec son prolongement Soma-Panderma, et du port, une double influence, morale par leurs écoles de tout degré, financière par le moyen de la Banque Impériale ottomane, de la Régie des tabacs, de l'Administration de la Dette publique. Avant la guerre de Tripolitaine, la position de l'Italie non plus n'était pas mauvaise. Perdue ou compromise en 1911, elle se reconstituait dès 1914, grâce aux efforts notamment des Salésiens et des sœurs d'Ivrée, efficacement soutenus par l'Association nationale pour la protection des missionnaires. On ne se proposait pas, explique M. Bevione, de prendre la place d'assaut, mais de s'y introduire pacifiquement et d'y acquérir droit de cité. Le gouvernement italien n'accordait pas moins de 26 millions de subvention aux compagnies de navigation qui, sous le pavillon royal, desservaient les différents ports des côtes d'Anatolie et, par un service hebdomadaire, reliaient Smyrne à Constantinople, au Pirée, à la Syrie, à l'Italie même.

Mais enfin, et tout en ne renonçant point à utiliser Smyrne au maximum permis, il importait, dans l'opinion mûrement réfléchie de M. Giuseppe Bevione, de se conformer aux réalités, en partant des possibilités actuelles; et ces réalités, ces possibilités, il les représentait par des chiffres. « La concession obtenue par l'ambassadeur Garroni s'étend aux trois sandjaks de Mentescè, Bourdour et Adalia. Le sandjak de Mentescè (d'après les données de l'ouvrage classique de Vital Cuinet sur la Turquie d'Asie) a une superficie de 13.329 kilomètres carrés; celui de Bourdour, de 6.000; celui d'Adalia, de 20.000. Mentescè a une population de 142.154 habitants; Bourdour, de 192.000; Adalia, de 224.000. Ce sont par conséquent 40.000 kilomètres carrés et 560.000 habitants qui tomberaient sous notre, disons : compétence économique; un territoire grand comme le Danemark et une population grande comme celle de Milan. »

Déjà le travail s'ébauchait. L'Italie avait obtenu de la Porte un firman autorisant l'installation d'un vice-consul de carrière à Adalia, et le 31 mai 1914, son représentant, le marquis Ferrante, « jeune homme éveillé et énergique », avait débarqué à Adalia et arboré le drapeau italien. Puis on avait prolongé jusqu'à Adalia la ligne de navigation Brindisi-Pirée-Rhodes, donnant, à la pauvre cité oubliée, qui n'avait qu'une seule communication par quinzaine avec Smyrne au moyen des petits et lents vapeurs de la Société Hadji Daud, une communication hebdomadaire rapide avec Rhodes,, la Grèce et l'Italie. Plus tard, quand furent remaniés les services maritimes, Adalia continua à avoir sa communication hebdomadaire, mais, au lieu que ce fût avec Rhodes seulement, ce fut avec Smyrne d'une part, et l'Italie de l'autre, au moyen de la ligne de Syrie desservie à semaines alternées par la Société italienne, qui aboutit à Venise, et par la Maritime italienne, qui aboutit à Gênes. Cette ligne touche, en plus d'Adalia, l'échelle de Finnika et l'admirable baie de Macri, « toutes deux appartenant, disons encore : à notre zone. »

Comme instruments de la pénétration, d'abord l'école. Il faudra employer à Adalia ces mêmes Salésiens et ces mêmes sœurs d'Ivrée qui ont si bien réussi à Smyrne. A l'imitation de la France, il faudra aussi encourager les missions archéologiques, si fructueuses dans les trois sandjaks de Mentescè, Bourdour et Adalia, extraordinairement riches en antiquités grecques et romaines. Dès 1914, la première, celle du professeur Paribeni, de Rome, était déjà passée, trouvant partout le meilleur accueil et récoltant la plus belle moisson. Mais ce n'était pas assez : cela n'entrait pas assez profondément, cela n'allait pas assez vite. Il fallait le rail, le chemin de fer, là du moins où le gouvernement ottoman n'avait pas encore les mains liées, dans la « zone libre ». Sur l'interprétation de la convention conclue par lui avec la Société (britannique) du chemin de fer d'Aïdin, qui frappait d'interdit une bande de 40 kilomètres à droite et à gauche de la ligne concédée, quant aux deux tronçons d'Egherdir et de Bourdour, on pouvait discuter ; et pouvoir discuter, c'est pouvoir combiner; et pouvoir combiner, c'est pouvoir s'arranger. Assurément, si cette ligne anglaise d'Aïdin avait ses stations sur le lac de Bourdour, à Egherdir, à Isparta, tandis que la ligne italienne serait obligée de tenir les siennes à 40 kilomètres de ces centres, la situation de celle-ci serait « durement handicapée ». Mais la Société d'Aïdin était une entreprise financière, qui ne saurait être insensible à la bonne affaire. Si donc on lui offrait un dédommagement qui fût pour elle un avantage, mais dont la contre-partie en serait un pour la Société italienne, comment refuserait-elle de traiter? Ici, l'ingéniosité nationale opérerait sur son terrain. D'ailleurs, le chemin de fer même ne suffirait pas, coûterait trop cher dans les escarpements, exigerait trop de temps et d'argent avant d'être en exploitation. On le doublerait, on le devancerait par un service régulier d'automobiles entre Adalia, Istanoz, Bourdour et Isparta. L'administration turque, gagnée à l'idée du progrès, montrait tant d'empressement que le mutasserif prenait sur lui de donner des ordres pour faire réparer immédiatement les quelques kilomètres sur lesquels la route n'était pas praticable. Les notables d'Adalia, enchantés de recevoir leur courrier de Smyrne autrement que par cavalier, souscriraient d'enthousiasme les 200 ou 300.000 francs nécessaires pour la fondation de la Société et l'achat des premiers camions.

Autant dire que c'était chose faite. Mais, en face d'une Turquie convalescente (M. Bevione la voyait telle en 1914, au lendemain de la guerre de Tripoli et avant la grande guerre), l'action de l'Italie « n'était contrainte à aucune improvisation précipitée; elle pouvait être étudiée avec sérieux et conduite avec calme, de manière à éviter les très graves erreurs commises en d'autres circonstances, et à s'assurer tous les avantages qui sont dans le champ de nos possibilités ». Le programme italien devait établir bien clairement qu'on ne voulait « rien faire d'autre que contribuer au développement d'une zone encore libre de l'Empire, dans le loyal désir que le pays, loin de se désagréger, pût trouver en lui-même l'énergie de se régénérer et de se rendre indépendant des directions et tutelles européennes ». La raison de ce désintéressement? M. Giuseppe Bevione n'hésite pas à la donner, et elle est tout ce qu'il y a de plus intéressé, de plus parfaitement égoïste : c'est qu'en cas de partage, « il reviendrait à l'Italie toujours moins qu'aux autres ». Mais, quelle qu'elle soit, il insiste. Peut-être même appuie-t-il un peu. N'est-ce pas par pur désintéressement que l'Italie a occupé le Dodécanèse, pour « le préserver des appétits grecs comme des intrigues de la diplomatie française et anglaise »? Les Turcs ne l'ignorent pas, s'en montrent touchés, et font tout pour que l'occupation se perpétue. Il y a plus. Ce service, rendu à la Porte, n'est pas sans imposer à l'Italie des charges dont elle sent le poids. Comme toute peine mérite salaire, il vaut et il veut « une compensation ». Encore une. L'Italie n'entend pas annexer les îles : elle se borne à ne pas les évacuer, afin de ne point ajouter aux embarras de l'Empire ottoman; mais *non bis in idem* : une même chose ne peut être à la fois un sacrifice et la juste récompense d'un sacrifice.

Le prix demandé ne peut pas être non plus le simple abandon de l'opposition anglaise à la concession d'Adalia (chemin de fer et port). Pour M. Bevione, la compensation définitive devait être cherchée tout ensemble dans de nouvelles concessions économiques en Asie Mineure et (mais n'y a-t-il pas contradiction, et qu'est-ce qu'un sacrifice qu'on propose de ne pas cesser?) « dans une organisation particulière du Dodécanère, fondée sur la continuation de la pleine souveraineté ottomane et sur le maintien simultané d'une vigilance italienne spéciale. La Turquie n'en retirerait que des avantages; avant tout, parce que sa souveraineté serait strictement conservée, parce que le revenu financier des îles, beaucoup mieux administré, lui serait garanti, parce qu'enfin serait éliminé tout péril de proclamation d'autonomie ou d'annexion des îles à la Grèce. La Turquie doit savoir que le Dodécanèse, une fois qu'il lui aura été restitué, est condamné à suivre le destin de Samos et de la Crète. Si la Turquie ne se débarrasse pas de la Grèce sur mer, — et, malgré l'acquisition des *dreadnoughts* sud-américains à qui manquent les équipages, il est fort improbable qu'elle y arrive, — les îles sont perdues pour elle. Chio et Mitylène resteront à la Grèce, et le Dodécanèse ira par un coup de révolution à la Grèce, à peine l'Italie en sera-t-elle sortie. Le mieux pour la Turquie est que l'Italie y reste, contre qui les populations n'osent se révolter ni la Grèce tenter un débarquement : surtout si l'Italie veut lui laisser la complète souveraineté et aspire seulement à y exercer une forme spéciale d'ingérence, qui se pourra facilement définir ».

Seulement, voici un obstacle. Cette solution, excellente pour la Turquie, acceptable pour l'Italie, a l'inconvénient d'exciter les inquiétudes, les jalousies, et par conséquent les oppositions des puissances méditerranéennes. « Et ici, reprend M. Bevione, nous touchons à un autre des gros problèmes que les dernières guerres (avant la grande) ont posés, les rapports de l'Italie agrandie de la Libye avec la France et l'Angleterre.

Ces rapports ont indubitablement empiré. Les accords méditerranéens étant épuisés, pour avoir rempli leur objet, on a vu se creuser un abîme (ai-je besoin d'avertir que je cite textuellement?) entre l'Italie d'une part, la France et l'Angleterre de l'autre. Ce n'est pas le cas d'apporter les preuves de ce fait. Si l'on y réfléchit, on découvre que les causes profondes de l'aversion anglo-française contre la nouvelle situation que l'Italie se cons-tituait dans la Méditerranée consistent moins dans les préoccupations que peut donner par elle-même une Italie agrandie que dans le péril que peut présenter l'Italie alliée décidée de l'Allemagne dans la Méditer-ranée. » Or les circonstances politiques et diplomatiques (principalement la constitution de l'Etat albanais auto-nome, essentiel pour l'Italie) ont obligé l'Italie à être étroitement unie avec ses alliées. « En fin de compte, l'Allemagne a paru à la France et à l'Angleterre la dernière bénéficiaire du renforcement de l'Italie et de la consolidation de la Triple-Alliance. C'est pourquoi la France et l'Angleterre ont cherché à réduire au minimum les conquêtes italiennes, pour diminuer, de tout ce que venait à perdre l'Italie, la puissance de la Triplice et de l'Allemagne. »

Mais, les tempêtes apaisées, il convient au suprême degré à l'Italie de retourner « à la politique des amitiés traditionnelles harmonisées avec les alliances. Puisque l'ultime but auquel réellement nous tendons est la paix, nous ne devons pas hésiter à soutenir nettement, même à la face de l'Allemagne, qui sur mer ne peut nous assister et nous laisserait aux prises avec les forces nava-les terriblement supérieures de l'Angleterre et de la France, l'utilité pour nous d'une politique d'équilibre et d'entente avec les puissances occidentales, fondée sur un accord relatif à l'Orient, précis comme le fut l'accord relatif à l'Occident de la Méditerranée ».

On ne peut qu'induire de là qu'en 1914 M. Bevione, — qui ne devait pas être seul de cet avis, — jugeait satisfaisant pour l'Italie l'accord réglant l'équilibre de la Méditerranée occidentale. Il poursuivait : « Si nous donnions à l'Angleterre et à la France, par le fait d'un nouvel accord méditerranéen, la preuve que l'Italie ne veut pas être une *lunga manus* de l'Allemagne dans la Méditerranée, l'opposition anglo-française à notre expansion en Orient perdrait toute base, et les résistances les plus grandes à notre action, en Asie Mineure comme dans les îles, tomberaient automatiquement. » Au reste, il y aurait moyen de s'entendre. Chemin faisant, l'explorateur politique s'était arrêté en Syrie. Il n'y avait trouvé qu'à admirer. L'œuvre éducatrice de nos religieux et de nos religieuses, en particulier, lui avait arraché des accents lyriques, mêlés parfois de vitupérations contre l'ingratitude sectaire qui les abandonnait, lorsqu'elle ne les persécutait pas, et les ayant chassés de leur maison, ne leur laissait pour asile qu'une terre étrangère, sur laquelle elle les soutenait mal et croyait assez faire pour eux que de les ignorer. Saisi d'un respect, qui n'était pas tout à fait exempt d'envie, il ratifiait le nom donné à ce pays, du même coup christianisé et francisé, par le grand chrétien et le grand Français que fut Etienne Lamy : *la France du Levant*. Dans la France du Levant, rien à faire, que d'essayer de prendre, derrière elle, une place honorable : encore les écoles italiennes y rencontreraient-elles les missions américaines. Mais « la France pourrait avoir (puisqu'on était en plein dans le système des compensations) une compensation précieuse aux modifications de sa politique actuelle, dans le règlement des questions de protectorat religieux en Terre Sainte et par tout l'Orient, où, comme je l'ai démontré (cette phrase est de M. Bevione), sont grandes et croissantes les conquêtes italiennes. »

Puis l'auteur achevait par cette déclaration son chapitre et son livre : « La réalité se répète. En Orient, comme sur la côte de l'Afrique méditerranéenne, le sort nous remet entre la France et l'Angleterre. Nous n'avons pas la faculté du choix : il nous faut nous entendre avec ces puissances. La conclusion dernière à laquelle m'amène donc l'étude de la situation de la Turquie après les guerres balkaniques est celle-ci : la nécessité pour nous de nous assurer une sphère d'influence, qui soit le plus possible proportionnée à la place que nous occupons dans la Méditerranée et en Europe, et qui désormais ne se peut plus rechercher que dans les îles du Dodécanèse et dans la zone qui d'Adalia remonte vers Smyrne; la possibilité d'obtenir ce résultat en harmonisant avec intelligence, avec courage, avec énergie ces trois politiques — amitié envers la Turquie, fidélité à l'Alliance, entente particulière avec la France et avec l'Angleterre. »

Ainsi parlait, il y a quatorze ans, M. Giuseppe Bevione, bon Italien en quête d'une plus grande Italie. Depuis lors, l'Histoire a fait un saut, si la Nature n'en fait pas. La Triple Alliance est morte, renversée. L'Allemagne a été par contrainte repliée sur elle-même. L'Autriche-Hongrie a disparu comme puissance méditerranéenne. La Turquie violemment reprise en main et concentrée se hâte vers le moment où, suivant le vœu de M. Bevione, elle serait en état de se passer des conseils qui, même purs d'arrière-pensées, n'étaient jamais entièrement gratuits. Reste l'entente de l'Italie avec la France et l'Angleterre. Pourquoi pas? Il n'est que d'être vrai, juste et raisonnable.

On nous invite à causer, et l'on nous dit sur quoi. C'est un commencement. Tout récemment le *Giornale d'Italia* nous a fait connaître en dix points les postulats italiens. Nous ne retiendrons ici que ceux qui ont un rapport plus ou moins direct avec notre sujet. L'Italie réclame :

1° La reconnaissance de sa position centrale dans la Méditerranée.

S'il faut l'entendre géographiquement, le fait est certain; il n'y a qu'à jeter les yeux sur la carte. Et s'il faut l'entendre autrement, que faut-il entendre?

2° La participation de l'Italie au régime de Tanger;

3° Le statut des Italiens en Tunisie;

4° La fixation des frontières africaines.

Comme, pour causer, il faut se comprendre, et comme, pour se comprendre, il faut savoir, notre dessein, dans ces études, a été justement de constituer aux interlocuteurs un honnête et véridique dossier.

5° L'obtention de débouchés conformes à l'accroissement de la population;

6° L'examen de la question des mandats;

7° La nécessité de territoires d'expansion.

Cette nécessité ne semblant être contestée par personne, il n'y a qu'à trouver les débouchés indispensables.

Quant à l'examen, que l'on paraît vouloir y rattacher, de la question des mandats, il ne peut être entrepris qu'à Genève, et ce n'est pas un thème pour une conversation restreinte à deux ou trois personnages, non plus d'ailleurs que tel des autres points précédemment énumérés. Le dialogue, ici, devient un colloque et conduit à une Conférence.

INDEX ALPHABÉTIQUE

des noms de personne et des noms de lieu

mentionnés dans cet ouvrage

______

(Les noms de personne sont imprimés en italique)

A

Adam (Mme *Edmond*). — 74, 117.

Adalia. — 168, 169, 170, 171, 172, 173, 177.

Adriatique (l'). — 22, 60, 97, 102.

Adana. — 165, 168.

Africanistas (les), publicistes espagnols, qui ont écrit sur l'Afrique, et en particulier sur le Maroc. — 20, 54.

Afrique (l'). — 33, et passim.

Afrique (Compagnie d'). — 64.

Agathoclès. — 103.

Aïdin. — 165, 169, 171, 172.

Albanie (l'). — 75, 97, 99.

Alexandrie (d'Egypte). — 110.

Alcazarquivir (bataille d'). 45.

Alfieri (*Vittorio*), poète et dramaturge italien. — 60.

Algérie (l'). — 20, 21, 45, 55, 63, 64, 78, 116, 142, 147, 151.

Algésiras (l'acte d'). — 54.

Alhucemas. — 27, 46, 48, 49, 50.

Allemagne (l'). — 22, 32, 33, 34, 35, 36, 42, 44, 75, 98, 99, 100, 102, 114, 117, 124, 126, 127, 128, 131, 150, 151, 164, 165, 175, 176, 177.

Alliance (la Triple). — 22, 99, 131, 175, 177.

Anatolie (l'). — 167, 168, 169, 170.

Andalousie (l'). — 46.

Anfa ou Anafe (Casablanca). — 54.

Angleterre. — V. Grande-Gretagne.

Anglo-Saxons (les). — 59.

Arabes (les). — 48.

Aragon (l'). — 46.

Aranjuez (traité d'). — 52.

Archipel (l'). — 75.

Arcos (le duc d'). — V. *Ponce de Leon.*

Arminius. — 91.

Arménie. — 165.

Arzila. — 51.

Asie (l'). — 22, 25, 132, 143.

» antérieure. — 23, 164.

» mineure. — 91, 149, 163, 164, 165, 166, 173, 176.

Atlantique (l'). — 27, 132, 151.

Atlas (l'). — 20.

Australie (route de l'). — 23.

Autriche-Hongrie (l'). — 22, 73, 74, 97, 98, 99, 100, 102, 114, 126, 127, 128, 131, 137, 177.

Azcarate (D. *Gumersindo de*), homme politique espagnol. — 29.

B

Baccarini (M.), ministre italien. — 74, 100.

Bachir (le), croiseur marocain. — 44 (note).

Badis. — V. Velez de la Gomera.

Baléares (les). — 20.

TABLE DES MATIÈRES

Éditions Victor Attinger, 30, Boulevard Saint-Michel, Paris